Über das Buch:

»James Bond hat alles, was sich Frauen an Männern wünschen und nie kriegen: einen Bauch wie ein Waschbrett, Geistesgegenwart, Selbstironie und gutsitzende Anzüge. Für den Durchschnittsmann löst schon die Vorstellung, Zahnseide benutzen zu müssen, Angstzustände aus. James Bond quatscht nicht lange rum, sondern knarzt ›Keine Ursache‹, wenn er die Welt gerade vor dem Dritten Weltkrieg gerettet hat. Durchschnittsmänner hingegen können schon nicht an sich halten, wenn sie es geschafft haben, sein Faxgerät zu bedienen.« Warum das so ist, und warum Männer in Wahrheit so ganz anders sind als 007, verrät uns Petra Reski in 32 neuen Schmähreden an den Mann.

Über die Autorin:

Petra Reski, Jahrgang 58, freie Journalistin mit Wohnsitz in München und Venedig, schreibt für Playboy, Stern, Cosmopolitan, Brigitte, Die Woche, SZ-Magazin und Spiegel. Von Petra Reski ist bei BASTEI LÜBBE bereits erschienen: *Eine Prinzessin zahlt nie selbst* (12905).

Petra Reski

Kein Tiger
weit und breit

32 neue Schmähreden
an den Mann

BASTEI LÜBBE TASCHENBUCH
Band 14704

1. Auflage: April 2002

Vollständige Taschenbuchausgabe der beim
Gustav Lübbe Verlag erschienenen Hardcoverausgabe

Bastei Lübbe Taschenbücher und Gustav Lübbe Verlag
sind Imprints der Verlagsgruppe Lübbe

Sie finden uns im Internet unter
http://www.luebbe.de

Inhalt

Kein Tiger weit und breit 7

Ein wahrer Freund 12

Der Po kommt gleich danach 17

Hinter dem Camcorder 22

Allein in einer fremden Stadt 26

Nach oben alles offen 31

Die 48. Runde 35

Kein Bett, kein Sex 41

007 – Nobody does it better 46

Die Stunde des guten Vorsatzes 51

Der Tamagotcho 55

Homo Grillensis 60

Die Welt ist voller Zeichen 65

Weil es noch keiner gemacht hat 70

Der Mann und sein Spielzeug 75

Super-Hillu 80

Fast wie Hemingway 85

Der Fan 90

Irgendwo im Internet 94

Auch Männer brauchen Träume   98

Helden auf Harleys   103

Wenn Männer zu viel Wein kennen   107

Immer mit dem Strom   112

Jagdinstinkt   116

Der furchtlose Adam   120

Salz auf seinem Fleisch   125

Männer, mir nach!   130

Die Hoffnung auf Ewigkeit   135

Der Ball, der Kosmos und ich   140

Stereotypen   144

Der letzte Cowboy   149

Liebe   154

Kein Tiger weit und breit

Oft ist etwas weg, und man hat das Verschwinden gar nicht gemerkt. Ehe man sich versieht, ist es ausgestorben. Oder so gut wie. Und zum Trauern ist es zu spät. Dinosaurier. VW Käfer. Bengalische Tiger. Fischschädellurche. Alles weg. Auch die Norditalienische Knoblauchkröte ist gefährdet.

Keiner erinnert sich an den genauen Zeitpunkt des Verschwindens. Hatte man sich nicht erst gestern wieder mal über die blöden Bengalischen Tiger geärgert, weil sich eine Bengalische Tigerhorde bei einem riskanten Überholmanöver auf der A 1 südlich von Hamburg überschlagen hatte? Und heute? Kein Tiger weit und breit. Oder Dinosaurier. Wer erinnert sich noch daran, daß ein mittlerer Dinosaurier bis zu 35 Meter lang und 60 Tonnen schwer war? Und daß sie meist einen kleinen Kopf, aber einen langen Hals und Schwanz hatten?

Und damit wären wir endlich beim Thema. Der Playboy. Wir alle erinnern uns noch an die Zeiten, es muß gegen Ende des Devons gewesen sein, als es von Playboys nur so wimmelte! Playboys allüberall. Beim Einkaufen drängelten sie sich an der Kasse vor, im Sportstudio mußte man sich die Umkleidekabine mit ihnen teilen, und am Strand stieg man über sie drüber. Und heute sitzen die letzten vier im Zoo, weinen über zu harten Bambus und verweigern sich der Fortpflanzung.

Playboys. Männer mit Namen wie Seeanemonen. Porfirio Rubirosa zum Beispiel. Es blieb ihm nichts anderes übrig. Als Biologielehrer hätte Porfirio, den seine Freunde »Rubi« nennen durften, eine schlechte Figur gemacht. Statt dessen mußte er verführen, heiraten, sich scheiden lassen, wieder verführen – und das sein ganzes Leben lang. Selbstverständlich die zickigsten Frauen der Welt, denn das Bügelfreie liegt einem Playboy nicht. Rubis erste Frau war die Tochter eines Diktators der Dominikanischen Republik, die so eifersüchtig war, daß sie mehrmals auf ihn schoß. Einmal soll sie auch getroffen haben. Selbst sein Schwiegervater, der Diktator, hatte dafür Verständnis, daß sich Rubi scheiden lassen mußte, und ernannte ihn zum Trost zum Minister für ausländische Affären. Dann kam die amerikanische Multimillionärin Barbara Hutton, die den ganzen Tag im Bett lag und abends zu müde zum Aufstehen war. Und Zsa Zsa Gabor, denn ein wahrer Playboy macht es sich nicht leicht. Wie jeder anständige Playboy fuhr Rubi Autorennen (Ferrari), wenn er nicht gerade verführte. Der einzige dunkle Fleck in seiner Vita ist ein Foto, das ihn mit einer weiteren Ehefrau, einer erfolglosen Schauspielerin, und einem Rasenmäher zeigt. Ein Rasenmäher! Gott sei Dank schiebt nicht Rubi, sondern die Frau den Rasenmäher.

Rubi starb, wie ein Playboy zu sterben hat. In einem Sportwagen. Einem roten Ferrari. In Paris. Im Bois de Boulogne. Ein Baum hatte sich ihm in den Weg geworfen.

Playboys. Männer mit Namen wie mittelalterliche Versromane. Don Jaime de Mora y Aragón zum Beispiel. Ein Lakritz auf der Oberlippe und ein Whiskyglas in der Hand. Es gibt Fotos, die zeigen ihn sitzend zwischen einer gefleckten Dogge und einem Chow-Chow oder zwischen Melina Mercuri und Anita Ekberg. Manchmal spielt er auf den Fotos auch Gitarre. Als er starb, rief die Stadtverwaltung von Marbella Stadttrauer aus.

Jetzt meine Frage an Sie, meine Herren. Wie würde die Stadtverwaltung von Marbella auf Ihren Tod reagieren? Was haben Sie mit solchen Männern gemein außer dem Rasenmäher und gelegentlichem Gitarrespielen? Nichts, ich weiß, und das ist bedauerlich. Dabei mußte man nicht unbedingt reich sein, um Playboy zu sein, es reichte eine gewisse Kreditwürdigkeit. Unerläßlich dagegen waren Narzißmus, Maßlosigkeit und Sportlichkeit. Narzißmus in Form von neapolitanischen Maßanzügen. Maßlosigkeit in Form von fünf Ex-Ehefrauen. Nicht ein Brillant zur Geburt des ersten Kindes, sondern eine 20-Meter-Jacht für eine einzige Nacht. Sportlichkeit im Sinne von Eklektizismus. Nicht zu vergleichen mit dem fieberhaften Heli-Skiing der heutigen Tage.

Heute aber stecken sogar in neapolitanischen Maßanzügen falsche Fuffziger, die nicht etwa darüber nachdenken, wie sie die Blonde vom Nebentisch überzeugen könnten, ihre Hochzeitsreise mit einem Eklat zu beenden, sondern ob sich die mexikanischen Staatsanleihen wirklich bewähren. Selbst Männer wie Gunter Sachs, die einst über der Villa von Brigitte Bardot rote Rosen aus einem Hubschrauber regnen ließen, beweinen heute ihre Investmentpleiten (Hotel am Wörthersee!) und streichen ansonsten ihrer Ehefrau über den Kopf. John F. Kennedy Jr., dem nun wirklich das Zeug zum Playboy in den Genen steckt, trägt seinen Ehering wie eine Knoblauchkette vor sich her und läßt sich dabei fotografieren, wie er mit UMGEDREHTER Baseballmütze und weißen Shorts durch die Innenstadt von Mailand schlappt, als wäre sie ein Sportstadion. Und auf die Prinzen ist auch kein

Verlaß mehr. Entweder sind sie debil. Oder outen sich als Tampaxfetischisten.

Die Norditalienische Knoblauchkröte starb aus, weil die Feuchtgebiete ausgetrocknet sind. Das ist beim Playboy allerdings nicht der Fall. Es gibt noch rote Ferraris, den Bois de Boulogne und genügend Frauen, die wenigstens einmal am Grab eines wahren Playboys weinen möchten. Das glauben Sie nicht? Ein Versuch genügt.

Ein wahrer Freund

Kommt ein Mann von einer Weltreise zurück. Sechs Monate war er unterwegs. Hat in der Arktis Gletscher kalben sehen und ist in Kalkutta mit der Rikscha über heilige Kühe gefahren, hat auf Madagaskar Warane aufs Kreuz gelegt und auf dem Dach der Welt seine Höhenangst bekämpft. Was macht so ein Mann, wenn er bei der Rückkehr seinen besten Freund trifft? Er geht mit ihm Billardspielen. Vier Stunden lang. Stumm. Ab und zu macht der eine »tztztz«, kaum hörbar natürlich, und nur, wenn der andere die schwarze Acht nicht über die Bande spielt. Schließlich ist eine Weltreise kein Anlaß, in Geschwätzigkeit zu verfallen.

Für Frauen ist das schwer zu begreifen. Ihnen drängt sich bei solcher Gelegenheit nur eine Frage auf: Ist er, der Mann, überhaupt zu Gefühlsäußerungen fähig, die tiefer gehen als das Klagen über Magendrücken? Männerfreundschaft. Das letzte große Rätsel der Menschheit.

Jeder Mann hat mindestens einen Freund, einen Kumpel und einen Geschäftsfreund. Manchmal kann ein Freund alles drei zusammen sein, das ist aber eher selten. Mit dem Geschäftsfreund spielt der Mann aus pragmatischen Gründen Federball, nicht aus Überzeugung, sondern aus Furcht vor der Zukunft und der schlechten Auftragslage. Mit dem Kumpel spielt er in loser Folge Fußball oder Skat. Ab und zu vergißt der Kumpel, daß am Samstag Skat angesagt ist. Das wird ihm nie verziehen. Weswegen er sein Leben lang immer nur ein Kumpel bleiben wird. Mit einem Freund würde ihm das nie passieren.

Männer lieben ihre Freunde, weil ein Freund keinen Wert darauf legt zu hören, wie raffiniert sich doch der burgunderrote Lippenstift in den strengen Rahmen des granatapfelroten Kleides fügt. Ein Freund verlegt nie seinen Haustürschlüssel. Ein Freund will keine Kinder von ihm kriegen. Einen Freund muß man nicht heiraten. Und bei einem Freund muß der Mann nicht »Busen« sagen, wenn er »Titten« meint.

Da ist zum Beispiel Rolf. Rolf holt Peter jeden Sonntag um fünf zum Fußballspielen ab. Und dabei bleibt's. Egal, ob an diesem Nachmittag die Mauer wieder aufgebaut wird und der Papst im Garten steht und Unkraut zupft. Da könnte ja jeder kommen. Beide teilen das Handtuch und die Überzeugung, daß Sprechen die verkehrte Art ist, mit Menschen umzugehen. Nach dem Spiel bestellen sie sich wortlos das Bier, ein Helles für Rolf, ein Dunkles für Peter. Wird eine Kommunikation unumgänglich, verständigen sie sich mit Signalflaggen oder Morsezeichen. Manchmal flaggt Peter die Frage: »Mal wieder was von Annette gehört?« Und Rolf morst: »Nö.« Es ist nicht zu befürchten, daß hier jetzt ein Gespräch entsteht. Denn im Grunde ist alles gesagt.

Natürlich ist es nicht so simpel, daß alle Männerfreunde miteinander schweigen. Männer werden oft unterschätzt. Es gibt nicht nur Holzklötze, es gibt auch Seelchen. Seelchen erkennt man daran, daß sie ineinander verschlungen sind. Kein Augenblick vergeht, ohne daß der eine Freund dem anderen zartfühlend am Ohrläppchen zupft und ihn fest in die Arme schließt. Ganz spontan. Seelchen fahren gemeinsam in die Ayurveda-Klinik und haben in der Gestalttherapie gelernt, zu einem Stuhl »Du bist so hart wie mein Vater« zu sagen, bevor sie sich auf ihn setzen. Dank schmerzhaftester Sitzungen (»Das ist eine heiße Herdplatte. Was fühlen Sie, wenn Sie ihre Hand darauf legen?«) können sie endlich ihre Gefühle in Worte fassen. An diesem transzendenten Zustand höherer Erkenntnis möchten sie alle Männer teilhaben lassen, weshalb sie im Bus selbst wildfremde Männer immerzu ans Knie fassen müssen und ihnen »Bekenn dich doch endlich zu deiner weiblichen Seite, sonst kommst du nicht weiter!« zuraunen. Das Seelchen spart bei seinem Freund auch nicht mit Kritik: »Ich denke, darüber solltest du mal nachdenken!« Kommt es ganz schlimm, kriegen beide Augensausen. Und die Frauen? »Die haben sich ja doch ganz erschreckend verhärtet, findest du nicht auch, Reinhard?«

So sieht sie aus, die Männerfreundschaft. Das wahre Sein ist für Männer nur in Männergesellschaft zu erlangen. Deshalb basiert das ganze öffentliche Leben ausschließlich auf Männerfreundschaften. Frauen kämen nie auf den Gedanken, eine Freundin, die Stangenspargel nicht von Andy Warhol unterscheiden kann, zur Museumsdirektorin zu berufen. Oder eine Nichtschwimmerin zur Bademeisterin zu machen. Oder eine Alkoholikerin zur Buchhalterin in einer Kognakfirma. Männer schon. Das erklärt natürlich einiges. Korruption, Verfall der Moral, Unfähigkeit – Freunde allüberall.

Man muß sich ja nur Helmut Kohl und Boris Jelzin angucken. »Mein Gott«, wird Hannelore gesagt haben, »diese Fahne, ich versteh nicht, wie du das mit dem Boris in der Sauna aushalten konntest!« Aber da hörte der Helmut schon gar nicht mehr hin und telefonierte mit Boris, der sich so freute, daß es dem schier die Kanülen sprengte. Er ist eben ein wahrer Freund, der Helmut.

Der Po kommt gleich danach

Also, es war so: Da sitzt da der (Flachhintrige? Spitzsterzige? Knackbackige? Wir wissen es nicht) Reporter eines deutschen Fachblatts für Geschmacksfragen und stellt Super-Model Naomi Campbell die Frage: »Wohin sehen Sie bei einem Mann zuerst?« – »Auf seine Augen«, antwortet Naomi. (Wohin auch sonst? Auf seine Kniescheiben vielleicht, du Depp?) Unter Aufbietung aller journalistischen Hartnäckigkeit setzt der Reporter nach: »Angeblich schauen Frauen zuerst auf den Po.« Endlich ist es raus.

O Gott, jetzt auch noch die alte Hinterbacken-Nummer! denkt Naomi, aber weil sie ein PR-Profi ist, antwortet sie barmherzig: »Der Po kommt gleich danach.«

Es war ungefähr in der Ära der Handy-Halluzination, als auch der Hinterbacken-Wahn entstand. Aus dem gleichen Nichts, aus dem eines Tages die *telefonini* mitsamt der Überzeugung aufgetaucht waren, alles jedem jetzt und sofort mitteilen zu müssen, aus diesem gleichen Nichts wölbte sich auch der Männerhintern schimärenhaft hervor. Seither drängeln sie sich auf jeder Plakatwand: Hintern wie aus einer Leni-Riefenstahl-Serienproduktion. Keine Knoblauchpillen-Anzeige kommt mehr ohne Markus Schenkenbergs Erhebungen aus, keine Werbekampagne für Dampfbügeleisen, die es sich noch leisten könnte, auf Antonio Banderas Popo zu verzichten, kein Modeschöpfer, der bei seinen Models den Kneiftest nicht höchstpersönlich durchführte.

Wahrscheinlich war es an einem trüben Februarmorgen. Ein Mann trat mit zitternder Unterlippe vor den Spiegel und resümierte im Neonlicht: Haare weg, Bauch da – was tun? Männer neigen in Momenten der Bedrängnis immer zur Selbsttäuschung. Also fiel der Blick des Mannes, unter Verrenkung mehrerer Halswirbel, auf sein Gesäß – das bis dahin ein bescheidenes, nach unten abfallendes Dasein geführt hatte. »Wie wäre es«, sagte sich der Mann, »wie wäre es, wenn wir daraus einen erotischen Mythos schneidern würden?« Das ist zwar so, als wollte man mit einem Schuhkarton Autorennen fahren, aber so sind sie halt, die Männer.

Seither hält sich der Mythos, Frauen hätten nichts Besseres zu tun, als Männern auf den Hintern zu gucken, ebenso beharrlich wie der Irrglaube, daß Glatzen potent machen. Aber mit der Wahrheit hatten die Männer noch nie viel im Sinn, und so ziehen sie sich gepolsterte Slips an (»Super Shaper Briefs«) und benehmen sich immer erpelhafter. In England ist sogar ein Ratgeber-Buch erschienen: »*Buttocks of Steel*« heißt das Werk, »Stahlbacken« zu deutsch, das viele nützliche Tips für alle Männer enthält, die sich in die Zwillingshügel von Brad Pitt oder Johnny Depp verbissen haben, selbst aber unter Hinterbacken leiden, die sich anfühlen wie tote Hühnchen. Der Verzehr von rohem Gemüse wird empfohlen und daß der Mann immerzu beide Backen gleichmäßig zusammenkneifen soll, damit nicht die eine Seite ausleiert wie ein alter Pullover, während man auf der anderen Haselnüsse knacken kann. Seither sieht man viele Männer mit verkniffenem Gesichtsausdruck in der U-Bahn, in der Schlange an der Supermarktkasse oder an der Ampel stehen. Mit zusammengepreßten Lippen nutzen sie jede Wartezeit (»Nur zwei Minuten täglich soll Wunder wirken«), um auch letzte Spuren von Hängebacken zu beseitigen. Von Mel Gibson heißt es, daß er bei jedem Film seinen Hintern so reflexhaft in die Kamera hält, daß dies schon als Mel Gibsons »*buttshot*«, »Backenbild« zu deutsch, in die Filmgeschichte eingegangen ist. Und Michael Douglas habe sich seinen Flachsterz erfolglos für den Einsatz in »Basic Instinct« extra aufpolstern lassen.

Die Wahrheit aber ist: Den Frauen ist der Hintern der Männer piepegal, mal ganz abgesehen davon, daß man ihn gar nicht sieht. Jedenfalls nicht auf den ersten Blick, denn schließlich stellt sich kein Mann mit dem Hintern zuerst vor. Eine Kontaktaufnahme, bei der der Mann sich einer Frau rektal nähert, gilt in unserem Kulturkreis immer noch als ausgesprochen unhöflich und wenig erfolgversprechend. Und jede Unterhaltung, bei der Mann gleichzeitig reden UND seinen Po zeigen will, gestaltet sich als akustisch schwierig. Aber auch wenn man sich schon länger kennt und etwas vertrauter geworden ist, beschränkt sich die Gelegenheit, ein Auge auf IHN zu werfen, auf den kurzen und wenig vorteilhaften Moment, wenn der Mann aus dem Bett steigt. Es soll zwar vereinzelt Paare geben, die den Höhepunkt nur erreichen können, indem sie einander den Rücken zuwenden, aber das fällt in den Bereich der sexuellen Verirrungen (Proktophilie?) und soll an dieser Stelle nicht vertieft werden.

Das ist das eine. Das andere ist, daß ein schöner Hintern (der im Italienischen, interessante Etymologie übrigens, als *culo di cavallo*, als »Pferdehintern«, gerühmt wird) kein Verdienst ist, jedenfalls nicht bei Männern. Es soll Siebzigjährige mit *Cul-de-Paris* geben, wahre Bindegewebswunder, und Vierzigjährige, denen zwar schon als Gymnasiasten die

Haare ausgefallen sind, mit einem Bauch, als hätten sie einen Medizinball verschluckt, aber ihr Hintern ist immer noch knackig wie ein frisch gebackenes Frühstücksbrötchen. Es sei ihnen gegönnt. Aber letztlich kommt es nur auf die Länge an. Der Ohrläppchen.

Hinter dem Camcorder

Sicher, es gibt viele Dinge, die den männlichen Hang zur Lemminghaftigkeit beweisen. So war das beim Tätowieren, beim Zigarrenrauchen und beim Agassi-Kopftuch-Trend. Aber nie war es so klar wie in dem Augenblick, als Gott die Videokamera erfand. Schlagartig kam es zum Ausbruch von Videowahnsinn (lat. *Videotia cretinoidea,* deutsch Camcorder-Krampf), und ein Ende ist nicht in Sicht.

Nachdem sich das Syndrom in den ersten Jahren lediglich im asiatischen Raum ausbreitete, kann man die Befallenen nunmehr überall beobachten: Männer im besten Alter, manche gar in der Blüte ihrer Jahre, die vor sich hin nuschelnd durch die Welt irren. Vor das rechte oder linke Auge pressen sie einen Apparat, der aussieht wie eine Kreuzung aus Kaffeemaschine und Fernglas. Wenn man ihnen näher kommt, hört man, wie sie »Heute haben wir fünfundzwanzig Grad« flüstern oder »Das ist eine Hibiskushecke« oder »Hier ist die

Strandpromenade, auf der Helga und ich vor zwei Tagen einen Spaziergang gemacht haben«.

Vereinzelt sieht man auch Männer, die ebenso planlos, aber mit ausgestreckten Armen durch die Welt laufen, vor sich halten sie einen Apparat, in den sie starren, nicht größer als ein Transistorradio. Mal halten sie diesen Apparat hoch in die Luft, mal schwenken sie ihn unvermittelt nach links und beschwören ihn mit Sätzen wie »Ja, das ist die Autofähre, die gerade einfährt.« Es handelt sich hier ebenfalls um eine Videokamera, die aber nicht als solche bezeichnet werden darf, sondern als »View-Cam«, weil die Männer sonst das Bewußtsein verlieren.

Im Sommerurlaub kommt es zu wahren Epidemien von *Videotia cretinoidea*. Videowahnsinn von Warnemünde bis Valencia. Manche Männer entpuppen sich mit der Kamera in der Hand als verkannte Conférenciers: »Das ist Sigrid, unsere Reiseleiterin, ich übergebe jetzt das Wort an Sigrid.« Sigrid spricht dann in die Kamera, pardon, View-Cam, weil sie weiß, daß jeder Widerstand zwecklos ist und nur Aggressionen provoziert. Und manchmal kommt es an Uferstraßen zu rituellen Handlungen der Videomänner, die anrührend zu beobachten sind: Sie tätscheln sich gegenseitig die Kameras und rechnen sich dabei gleichzeitig vor, wie teuer ein Gramm Kamera ist.

Natürlich gibt es bereits Untersuchungen darüber, warum der Videowahn nur Männer befällt. Forscher kamen zu dem Schluß, daß das bei Männern vorherrschende egozentrische Sprachverhalten ein ursächlicher Faktor ist – also die Tendenz, vor sich hin zu reden, ohne je eine Antwort zu erwarten. Zweitens prädestiniert das männliche Streben nach Unvergänglichkeit für die Videokretinie: Feinbäcker mit fellinesken Neigungen, verkannte Oberstudienräte mit Hang zum Dokumentarischen.

Gewiß ist eines: Videofilmen schwächt die moralische Urteilskraft, ja, es macht mitleidslos. Besonders Kleinkinder sind gefährdet. Jedesmal, wenn Kinder kopfüber vom Dreirad in den Gartenteich stürzen, sich die Zähne beim Rollschuhfahren ausschlagen oder im Zoo von Lamas angespuckt werden, steht der Vater bereit. Nicht etwa, um hilfreich die Hand auszustrecken, sondern um zu dokumentieren: »Da auf dem Beckenboden, das ist unsere Susi, die gerade versucht, schwimmen zu lernen.« Friedlich auf der Gartenschaukel baumelnde Kinder werden von ihren wahnsinnigen Vätern bis zum Überschlag geschubst und im freien Fall für »Pleiten, Pech und Pannen« gefilmt.

Aber die Männer selbst sind auch gefährdet. Jede Einstellung erfordert Opfer. Weil alle davon träumen, einmal Regisseur eines Amateurvideos zu sein, das in der Tagesschau gezeigt wird, gehen sie bis zum Äußersten: Keine Naturkatastrophe kann mehr in Ruhe ablaufen, ohne daß da gerade ein Hobbyfilmer die Kamera auf die Lawine/das Erdbeben/die Springflut hält. Unlängst wurden 450 Männer Opfer einer Wasserhose: aufgesaugt von schwarzen Sturmwolken, bis nichts mehr von ihnen blieb als der Deckel zum Weißabgleich. Na, und dann erst die Abstürze jeder Art: Hubschrauber, Boeings 747, Heißluftballons.

Sternstunden sind Video-Abende, wo man auf den Kopf gestellte Landschaften ertragen muß, Großaufnahmen der Klettverschlüsse von Videotaschen und minutenlange schwarze Löcher, bis man eine weibliche Stimme im Off sagen hört: »Hast du die Kamera wirklich ausgestellt?« Alle Versuche, die Hobbyfilmer zu therapieren und wieder sinnvoll in die Gesellschaft zu integrieren, sind bislang gescheitert. Ein wahrer Lemming läßt sich nicht von seinem Weg abbringen.

Allein in einer fremden Stadt

Diese Däninnen! Man soll sie nie unterschätzen. Von wegen immer nur lächeln und Matjes filetieren! Einer dänischen Neurologin mit dem schönen Namen Bente Pakkenberg verdanken wir die Erkenntnis, daß die Folgerung »Viel hilft viel« wie so oft im Leben ein Trugschluß ist. Es geht um Hirnzellen. In weiblichen Hirnen fand Bente Pakkenberg 19 Milliarden Hirnzellen, in männlichen dagegen 23 Milliarden. Aber zu früh gefreut, meine Herren. »Wir wissen nicht, wofür die Männer ihre zusätzlichen Hirnzellen verwenden«, sagt Frau Pakkenberg mitleidslos. Einen direkten Zusammenhang zwischen Intelligenz und der Anzahl der Hirnzellen gebe es nicht. Die weiblichen 19 Milliarden Hirnzellen schuften offenbar rund um die Uhr, wogegen davon ausgegangen werden muß, daß die männlichen 23 Milliarden Hirnzellen den ganzen Tag rumhängen, Trickfilme gucken und auf den Feierabend warten.

Als sicher kann gelten, daß die Männer ihre überschüssigen 4 Milliarden ganz bestimmt nicht dafür verwenden, sich allein in fremden Städten zurechtzufinden. »Allein in einer fremden Stadt« klingt für einen Mann wie der Titel eines Horrorfilms. Schon das Wort »allein« löst bei Männern Angstpsychosen aus. Gerade so, als stehe ihnen ein Zungenkuß von einer dänischen Dogge bevor. Schließlich ist hinlänglich bekannt, daß Männer sterben, wenn sie den Freitagabend allein vor dem Fernseher verbringen müssen. Wobei »allein« ohne Frau heißt. Ein Rauhhaardackel tut es da nicht, gleichwohl tun sich viele Männer mit dieser Einsicht schwer und stellen sich die Wohnung mit Singvögeln, Skatbrüdern und Squashpartnern zu.

Eine fremde Stadt ist für jeden Durchschnittsmann eine Bedrohung. Erschwerend zur Angst, allein sein zu müssen, kommt nämlich beim Mann der fehlende männliche Orientierungssinn hinzu, vulgo »die Angst, nach der Straße fragen zu müssen«. Und hier: Eine ganze Stadt voller fremder Straßen! Die verlaufen, wie es ihnen gerade in den Sinn kommt! Voll von Millionen noch nie gesehener Menschen! Außerdem ist das Essen anders! Irgendwie fremdartig! Gänzlich unbekannt!

Nun kommt es im Leben eines Mannes regelmäßig zu jenem psychischen Supergau, der darin

besteht, nicht darum herumzukommen. Die Firma!
Und dann? Tja, wer kennt sie nicht, diese Bilder
von jenen mülltonnengrau gekleideten Anzugträ-
gern, die mit flackerndem Blick den ICE nach
Mannheim besteigen und schon nach wenigen Kilo-
metern in ihr Handy weinen. Und wer kann die
Bilder von jenen Männern vergessen, die in Hotel-
fluren herumliegen und sich verzweifelt an den
Haaren ziehen, weil sie ihren Zimmerschlüssel verloren haben oder sich nicht mehr an ihre Zimmer-
nummer erinnern oder ihr Zimmer nicht mehr finden und sich nicht trauen, den Hotelportier zu
fragen! Wir alle erinnern uns an jene Traueranzei-
gen mit dem erschütternden »Auf Fortbildungs-
seminar verschollen« oder dem ergreifenden »Von
Geschäftsfahrt im Atlantik nicht mehr zurückge-
kehrt«. Wie viele Schicksale konnten nie aufgeklärt
werden!

Haben die Männer die Reise erst überlebt, wehren sie sich mit Händen und Füßen dagegen, das
Hotel zu verlassen, und sei es nur zu einem kleinen
Spaziergang. Abends stützen sie sich gegenseitig an
der Hotelbar, morgens am Frühstücksbüffet. Egal
ob Neumünster oder Nairobi, die einzige Erinne-
rung, die Männer von Reisen in fremde Städte mit-
bringen, ist die an die Erdnüsse in der Minibar.

Geschäftsessen, Geschäftsbesprechungen, Geschäftskonferenzen – alles fand immer in den Hotels, den Fluchtburgen der Männer, statt. Weil das nicht immer so weitergehen konnte und weil viele Geschäftsmänner inzwischen allergisch auf den graved Lachs vom Interconti reagieren, grübelten einige Unternehmensberater fieberhaft über angstmindernde Strategien nach.

Seitdem gibt es in jeder Stadt mobile Pflegedienste für verängstigte Geschäftsmänner: Das zumeist weibliche Pflegepersonal erwartet die Betroffenen schon am Flughafen, um ihnen sogleich eine Armbinde umzulegen, die sie als »Mann-allein-in-einer-fremden-Stadt« kenntlich machen und zu Verständnis bei der Bevölkerung führen soll, falls sie doch mal verlorengehen, und begleiten sie bis auf das Hotelzimmer. Weil es aber bei besonders verängstigten Männern trotz Betreuung immer noch zu Ausfällen kommt, ist bei ihnen eine eingehende Therapie vonnöten. Meist sieht sie so aus, daß diese Männer in Institute geführt werden, die Fitneß-Clubs nicht unähnlich sind. Wie beim Betreten dieser Salons üblich, müssen sich die Patienten zunächst ausziehen und werden dann in weiße Frotteemäntel gehüllt, auch das mit therapeutischer Absicht, denn die Frotteemäntel sind angenehm weich und wirken so ebenfalls verstärkt angstmindernd. Vereinfacht ausgedrückt besteht die Therapie darin, daß die Pflegerinnen den Männern aufmunternd zulächeln und sie viele Piccolos trinken lassen. Auf jeden Fall sind am Ende die Ängste weg und die überschüssigen Hirnzellen auch. Und am nächsten Tag schaffen es viele Männer bereits, mit fester Stimme in der fremden Stadt ein Taxi zu bestellen. Wenn das nichts ist.

Nach oben alles offen

Anders als Männer lieben Frauen ihre Autos nicht. Frauen lieben ihre Putzfrau, ihre Liebhaber und ihre Kinder, aber keine Autos. Außer wenn sie als Cabrio daherkommen.

Heute, wo man in Hamburg schon Ende Februar die Dächer zurückklappt, wird dieses düstere Kapitel der Automobilgeschichte gern verschwiegen. Die Männer wollten das Cabrio ausrotten. Für den Sicherheitsfanatiker in ihnen, der für alles im Leben eine Garantie verlangt, war ein Auto ohne Deckel natürlich eine Provokation. Ein Auto, aus dem man, wenn es ein bißchen geschüttelt wird, herausfallen kann, entsprach nicht ihren Vorstellungen vom gefahrlosen Fahren.

»Sicher ist, daß nichts sicher ist«, sagte zwar schon Karl Valentin, aber selbst das konnte nicht verhindern, daß sich die männliche Cabriophobie mehr und mehr verbreitete. Noch vor wenigen Jahren hatten nur ein paar Alfa Spider und VW-Cabrios den Ausrottungsfeldzug überstanden und waren so selten wie Rotbauchunken. Die Männer betrachteten das Cabrio mit dem wenig phantasiebegabten Blick eines Erbsenzählers und stellten fest: Es spricht alles dagegen, nichts dafür. Es ist teurer. Es ist kalt. Es ist naß. Es macht Krach und Lungenentzündung. (Alle haben noch die schrecklichen Bilder vor den Augen: Straßengräben voller verkühlter Cabriofahrer, die von einem Wolkenbruch überrascht worden waren. Jede Hilfe kam zu spät.) Es macht Arbeit. Man muß ständig etwas auf- und zuknöpfen, auf- und abdröseln, öffnen oder schließen. Man muß es unter den Kastanienblüten ausgraben. Man muß eine Baseballkappe tragen, wenn man das Resthaar behalten will. Man kriegt Sonnenbrand und schluckt zuviel Ozon. Man kann nicht »Heute wieder nur Idioten unterwegs!« brüllen, ohne befürchten zu müssen, an der nächsten Ampel aus dem Cabrio gezogen zu werden. Man muß riechen, was man nicht riechen will. Man kann nicht richtig schnell fahren. Man kann nicht mal richtig geradeaus fahren, weil Cabrios bekanntlich einen schlechten Geradeauslauf haben.

Frauen erkannten darin sofort den Wert. Das Cabrio als die absolute Negation jeglicher Zweckmäßigkeit. So wenig Auto wie möglich. Zum Beispiel geradeaus fahren: Wer will das schon? Immerzu stur geradeaus? Nein! Oder schnell fahren. Gibt es etwas Phantasieloseres? Oder der Krach. Der Krach macht Unterhaltungen unmöglich, die sowieso nur zu Streit geführt hätten, und der zu kleine Kofferraum verhindert, daß man als Umzugshelfer in Frage kommt oder sich mit einem Supermarktbesuch und einer Schnäppchenjagd erniedrigt. Der Wind verhindert Fönfrisuren und die fehlenden Rücksitze die Kindersitze und damit die Eheschließung. Die Arbeit am Cabrio gibt dem Leben Sinn und schärft die Wahrnehmung für bestimmte Wolkenformationen. Man kann versuchen, sich mit einem Chiffonschal um den Hals und in den Speichen effektvoll wie Isadora Duncan zu strangulieren. Und außerdem erwirbt man botanische Kenntnisse – welcher vollversiegelte Volvofahrer kann schon eine Lindenblüte am Geruch erkennen? Wenn es kalt ist, ist es kalt, und wenn es regnet, wird man naß – mit einem Wort: Man lebt. Welcher Mann kann das schon von sich behaupten?

Daß sich diese Einsicht durchsetzte und die Cabrios sich plötzlich rasend vermehrten, lag nicht etwa daran, daß die Sicherheitsfanatiker bekehrt worden wären, sondern an dem einen: Sex. Einer Frau fällt die Wahl zwischen einem kombifahrenden Allergiker und einer Cary-Grant-Wiedergeburt-im-roten-Alfa-Spider nicht schwer. Weil man mit der Cary-Grant-Wiedergeburt die Côte d'Azur entlangfahren und dabei aussehen kann wie Grace Kelly. Mit Schmetterlingsbrille auf der Nase und Hermès-Tuch um den Kopf.

Seither schneiden die Männer nahezu jedem Auto das Dach ab. Es gibt nicht nur Jaguar-XK8-Cabrios sondern auch Mazda-, Fiesta- und Kadett-Cabrios, wogegen im Prinzip nichts einzuwenden ist, wird doch ein Kadett erst als Cabrio erträglich. Aber dann hinterließen die Männer ihre Spuren. Cabrios kriegten nicht nur Überrollbügel verpaßt, sondern auch Verwindungssteifigkeit und Antischlupfregelung. Seither sind die Sitze und die Füße gewärmt. Die Seitenscheiben schließen per Zentralschalter, das Dach springt auf Zuruf auf und zu, und der Windschott krümmt kein Haar mehr, so daß alle Männer, die aussehen wie Ulrich Meyer, auch nach einer Cabriofahrt immer noch aussehen wie Ulrich Meyer. Verwindungssteif. Die Dächer schließen so vakuumdicht, daß man auch bei Tempo 120 noch miteinander reden muß. Und dann muß man sich wieder streiten. Über die Großeinkäufe im Supermarkt, die Kindersitze, die Eheschließung. Will man das? Nein. Rettet das Cabrio.

Die 48. Runde

Jedes Land hat die Sportler, die es verdient. Das ist der Lauf der Welt und wäre auch gar keiner besonderen Erwähnung wert, solange Boxer boxten und Fußballspieler Fußball spielten. Der Ball ist rund, na und? In der Realität aber ist der Ball das letzte, woran ein Fußballspieler denkt, und ein Boxer macht nur eine Faust, wenn auch eine Kamera dabei zuguckt. Tatsächlich streben sie in die Scheinwerfer wie Stechmücken ins Schwarzlicht: Keine Wohltätigkeitsgala ohne Schumi und Michi in der ersten Reihe, kein »Wetten, daß?« ohne Klinsi, kein Adventssingen auf dem Marienplatz ohne den Loddar, kein Bambi ohne Babs und Boris.

Wo anderswo auf Galas die schönen, stummen Supermodels zu begucken sind, haben wir Schumi-Michi-Andi, die sofort losplappern, sobald sie nur ein Mikrofon riechen. Der Loddar zum Beispiel. Ein ganz dunkles Kapitel. Weil er darunter litt, nicht gleichzeitig auf Empfängen Hamburger Käsehändler und Münchner Pelzcouturiers erscheinen zu können, gelang es ihm, sich durch wundersame Zellteilung zu verdoppeln: Aus dem Lothar wurde der Lothar-Lolita. Das doppelte Lottchen. Wo der Loddar nicht sein konnte, war die Lollida da, über Jahre verpestete er die Umwelt mit Homestorys aus buntkarierten Betten und erschreckenden Bekenntnissen: »Ich habe mehr von ihr gelernt als sie von mir.«

Aber das ist alles noch nichts gegen Michael Schumacher, den menschgewordenen Beweis für die erfolgreiche Kreuzung von einem Opel Kadett mit einem Rollenkoffer. Keine Gala, kein Bio und kein Willemsen, ohne daß sich uns sein vorstehendes Kinn (medizinisch: klarer Fall von Progenie) entgegenreckte. Es ist schon schlimm, ihm einfach beim Dasitzen zugucken zu müssen: Wenn er da hockt mit Stehkragen und gesundem Volksempfinden, randvoll mit lebensbejahender Kurzhaarigkeit und asexueller Keimfreiheit. Natürlich ist er gut drauf und riecht nach Wasser und Seife, wie auch anders. Aber richtig schlimm wird es, wenn er anfängt zu reden. Mühelos bestreitet er jedes noch so knifflige Interview mit maximal vier Sätzen: Erstens: »Das ist richtig.« Zweitens: »Das ist mit Sicherheit irgendwo richtig.« Drittens: »Der Punkt ist.« Und schließlich viertens: »Das ist genau der Punkt.« Erschwerend kommt noch sein Sprachfehler hinzu: Schumacher kann nämlich kein »Sch« aussprechen. »Der Punkt ist, daß ich nicht so *launich* bin wie Damon Hill.« Oder: »Das ist genau der Punkt. Am liebsten esse ich Kartoffeln mit Spinat, *zermancht*.«

Wir haben nichts dagegen, wenn einer jeden Monat bei Ferrari Millionen dafür einstreicht, im Kreis zu fahren, wenn er nur seine Klappe hielte. Aber wenn er nicht gerade ein Interview gibt, müssen wir uns auch noch beim Friseur seine Familienfotos angucken, was so anregend ist wie ein Diavortrag über die Pflege von Kübelpflanzen: Schumacher, der heiratet (Wie es sich nur immer so fügt: Er hat tatsächlich eine Frau gefunden, die ihm geistig ebenbürtig ist) und dabei lächelt, als hätten ihn Scientologen geklont. Und Schumacher, der in spack sitzenden Jeans-Shorts Urlaub macht: »Hier sitze ich an einem Gebirgsbach / Hier sitze ich im Schlauchboot / Wir haben Schwimmwesten an und Helme auf, und es ist wahnsinnig aufregend.« In Italien, wohin wir ihn perfiderweise exportiert haben, versteht ihn keiner, weil er gnädigerweise kein Italienisch spricht und auch nicht Gefahr läuft, es jemals zu erlernen. Man weiß dort aber bereits von ihm, daß er am liebsten Phil Collins hört – das hat gereicht, um weitere Interviewwünsche im Keim zu ersticken.

Aber dann. Die 48. Runde. Sie sorgte dafür, daß wir, Frauen und Italiener, den Glauben an den Mann, den deutschen, wiedererlangt haben. In der *Dry-Sack*-Kurve tat Michael Schumacher endlich das, was wir schon lange ersehnt haben: Er scheißt, mit Verlaub, auf Willi Webers Weltmeisterkappen und die FIA und den guten Ruf. Und fährt, in aller Gelassenheit, dem blöden, blondgefärbten Kanadier an den Karren. Von wegen immer nur Villeneuve dabei zusehen, wie der die Klappe aufreißt und als Klassenclown gefeiert wird! Von wegen immer nur der Streber sein müssen, der keinen anderen von den Mathematik-Hausaufgaben abschreiben läßt! Ein wahrhaft historischer Moment. Eine große Geste, die uns den Atem stocken läßt. Gibt es etwas Grandioseres als Helden, die sich selbst demontieren? Die offenen Auges über die Klinge springen? Denen es egal ist, was Corinna, die Schwiegermutter und eine hundertzweijährige Ferrarista dazu sagen?

Der Kerpener ist in Verruf geraten! schreit die Welt auf. Ja Gott sei Dank! Verruf, Verruf und noch mal Verruf! Es kann gar nicht genug Verruf geben für den Kerpener! Von Spiegel und Bildzeitung verstoßen, schließen wir ihn in unsere Arme. »Ich bin zwar Deutscher. Aber ich bin auch nur ein *Mench*, ich bin keine *Machine*«, sagt Michael Schumacher, was italienische Sportjournalisten auf *RAI tre* vollends delirieren läßt. Sie fordern einen Orden für Michael Schumacher: Schließlich hat hier einer den Beweis dafür geliefert, daß der Mensch als Mann menschlich bleiben kann, auch wenn er Deutscher ist! Fast italienisch! Schon vermuten sie darin ein Verdienst der *Pasta asciutta.*

Und die Frauen? Für jenen erhabenen Augenblick, bei dem sie zusehen durften, wie Schumacher die Contenance verlor, verzeihen sie ihm alles. Das Dauergrinsen, die kurzen Hosen und die »Ich-sehe-das-positiv«-Sätze. Sie wissen: Des Mannes wahre Größe zeigt sich in der Blöße. Dieser Mann ist zu allem fähig! Da kann noch eine Menge kommen! Vielleicht sagt er nicht mehr »Das ist der Punkt« oder »Das ist genau der Punkt«, sondern er sagt »Was ist das denn für eine gequirlte Kacke!«. Vielleicht wird er dabei erwischt, wie er auf einer Grillparty Themen wie den Euro, das englische Gegenwartskino und die Glaubwürdigkeit von Tarot-Karten in die Runde wirft. Oder er outet sich demnächst als polygam und macht einer Afrikanerin in der U-Bahn einen Heiratsantrag. Oder er verjuxt sein Jahresgehalt in einer Nacht in Baden-Baden. Oder er fängt an, Meeresfrüchte zu essen. Oder er lernt Italienisch. Oder alles zusammen!

Michael Schumachers Vorbild eröffnet natürlich auch den anderen deutschen Sportlern die Möglichkeit zur Charakterentfaltung. Jedem wahren Helden stehen ein paar Untiefen bestens zu Gesicht. Zum Beispiel Jan Ullrich. Bislang sahen wir ihn nur schweigend in die Pedale treten und ansonsten die Mama aus Rostock (weinend) oder die Freundin aus Merdingen (badisch) zu Wort kommen lassen. Aber dann. Bei der 9. Etappe läßt er den ganzen Pulk über den Lenker gehen. Absichtlich! Und dann fängt das Leben erst richtig an. Fortan zitiert er in Interviews Oscar Wilde: »Der Skeptizismus ist der Beginn des Glaubens«, er tritt zum Islam über und eröffnet einen Tätowiersalon in Merdingen.

Männer! Wir haben Hoffnung.

Kein Bett, kein Sex

Der deutsche Mann ist Meister des erotischen Minimalismus. Will der Minimalist den Übergang vom angezogenen Zustand zur Nacktheit knisternd gestalten, legt er erst Brille und Uhr ab und sortiert das Kleingeld aus der Hosentasche auf dem Nachttisch. Dann hängt er seinen Anzug zum Lüften auf den Balkon, steckt Schuhspanner in die Schuhe und die Handybatterie in das Aufladegerät. Er stellt den Wecker auf sieben Uhr, damit er seinen Termin am nächsten Morgen nicht verpaßt. Dann macht er das Licht aus. Manche schwören auch auf die Lufthansa-Schlafbrille. Schließlich macht er sich an die Arbeit. Kurz drückt er hier, schraubt dort, knetet da, damit es hier brummt, da piept, dort tutet. Ein, zwei Handgriffe. Ökonomisch. Einmal Busenzwacken, zweimal Oberschenkeltätscheln. Nicht mehr. Nicht weniger. Schweigend und betriebsam. Immer das Kosten-Nutzen-Verhältnis im Auge. Und dann: Hapü. Was war denn das? fragt sich die Frau. Hat er geniest, oder war das doch schon sein Orgasmus? Auf jeden Fall schläft er ein.

Erotische Minimalisten sagen zu Frauen Sätze wie »Wärm schon mal das Bett an, ich habe noch einen dringenden Anruf zu erledigen« oder »Ich habe mich heute extra rasiert« und verstehen das als große aphrodisische Geste. Zähne gebürstet, Mundspray versprüht, und los geht's. Wie im richtigen Leben so auch im Bett: geringstmöglicher Aufwand, größtmöglicher Effekt. Jedenfalls fast.

Die Verbalerotik des Minimalisten gipfelt in Worten wie »Es wär ja wieder an der Zeit« oder »Wollen wir nicht mal wieder?«, und die Frau weiß: Oje. Jetzt läuft es unaufhaltsam darauf zu. Aufs Bett natürlich, denn Minimalsex findet aus Gründen der Ökonomie nur im Bett statt. Auf gar keinen Fall woanders, denn das wäre zu umständlich. Weder auf dem Sofa noch auf dem Teppich, nicht im Aufzug und schon gar nicht auf dem Schreibtisch. Denn auf dem Schreibtisch kann er sich nach Vollzug nicht oder nur unter gewissen Einschränkungen zur Seite fallen lassen und einschlafen. Damit hat der Minimalist natürlich auch etwas Berechenbares – kein Bett, kein Sex. Die Ökonomie verhindert auch den Johannistrieb, wenn der Mann sich gerade geduscht hat. Da müßte man sich ja danach schon wieder duschen! Wie das die Haut austrocknet! Kann man gar nicht genug gegenancremen.

Frauen, von denen zu befürchten ist, daß sie sein Leipziger Einerlei durcheinanderbringen und im Schutze der Dunkelheit die Initiative ergreifen, fürchtet der Minimalist wie Gürtelrose. Sollte es dennoch einer gelingen, ihm den Frotteeschlafanzug vom Leib zu reißen, bricht seine Leitung zusammen. Und es bleibt ihm nur, ein empörtes »Das passiert mir sonst nie!« in die Dunkelheit zu krächzen.

Solche Männer sind im Grunde ihres Herzens Tomaten. Oder Buschbohnen oder Steckrüben, auf jeden Fall haftet ihrem Geschlechtsleben etwas eindeutig Gemüsehaftes an. Natürlich lassen sich immer weniger Frauen von Steckrüben verführen, und deshalb lernen die tristen Triebhaften dazu. Sie absolvieren Tantrakurse in der Eifel und kleben an den Lippen von Lilo Wanders. Sie zwingen sich, spätnachts noch »Liebe Sünde« zu gucken, obwohl ihnen bereits um neun die Augen zufallen. Seither haben sie drei Gewißheiten: Erstens: Frauen möchten gestreichelt werden. Zweitens: Frauen möchten geküßt werden. Nicht nur auf den Mund. Drittens: Frauen wollen reden, reden, reden. Ist das Programm erst auf der Festplatte gespeichert, ist kein Halten mehr. Man entkommt ihnen nicht, den Küssern und den Flüstertüten.

Die berüchtigten Küsser erkennt man daran, daß sie einem gleich nach dem Kennenlernen die Zunge ins Ohr stecken. Ihre Küsse fühlen sich so an, als hätte man eine nicht gekochte Weinbergschnecke im Mund. Küsser glauben nämlich, daß bereits die gute Absicht honoriert werden muß. Küsser küssen auch die Fingerkuppen, ganz sanft, vielleicht auch die Zehen, aber den Cunnilingus halten sie immer noch für eine Küchenmaschine.

Die Flüstertüten reden vorher, nachher und dazwischen. »Darf ich deine Brustwarze küssen?« raunen sie, denn schließlich will man sich absichern. Nicht, daß da am Ende noch Klagen kommen. »Hast du etwas dagegen, wenn ich meinen Schlafanzug anbehalte? Ich erkälte mich so leicht.« Nichts geschieht ohne Ankündigung. »Macht es dir etwas aus, wenn ich mit meiner Zunge an deinen Schenkeln entlangfahre?« Flüstertüten schrecken auch nicht vor abschließenden Betrachtungen zurück: »War es schön für dich? Du mußt mir sagen, was dir gefällt.«

Nützlicher aber als alle Tantrakurse war für die erotischen Minimalisten die Entdeckung des Feminismus. Das war die Lösung. Nie wieder zahlen müssen! Und: Nie wieder Komplimente machen müssen! Und: Nie wieder nach dem G Point graben müssen! Nichts kam dem deutschen Mann so entgegen wie der Feminismus, besonders im Bett. Endlich ungestraft Pascha sein! Daß wir da nicht schon früher drauf gekommen sind! jauchzten sich die Männer zu, ließen sich wie die Maikäfer auf den Rücken fallen und riefen: »Ich laß mich gerne von ihr verwöhnen.« Endlich ist der erotische Minimalismus ideologisch verbrämt und die Konsumentenhaltung politisch korrekt. Je langweiliger desto aufgeklärter. Gipfel der Liberalität: Überall dort, wo es ihm nicht so darauf ankommt, dürfen Frauen Entscheidungen treffen. Die einen entscheiden über Standortverlagerungen, die anderen über Strapse. Daimler-Benz-Manager gestehen: »Das Schönste ist, von einer Frau verführt zu werden, nicht immer den ersten Schritt machen zu müssen.« Kommt dennoch keine Leitung zum Stehen, liegt es an ihr. Mangelnder Service. Sie hätte doch wissen müssen, daß ihm beim Anblick des Schleiertanzes immer schwindlig wird! Schließlich geben sogar Frauenzeitschriften den Emanzipationsgewinnlern Hilfestellung: »Was will der Mann im Bett? Seine geheimen Wünsche.« Männer, die über die erotische Ausstrahlung einer Nackenrolle verfügen, dürfen endlich auch anspruchsvoll sein. Nie waren die Zeiten für Langweiler so rosig wie heute.

Es geht um James Bond, und ich muß Sie enttäuschen, liebe Leser. Ich würde gerne stänkern, aber es geht nicht. Nicht mal eine Berliner Lederlesbe mit Bürstenschnitt würde sich entblöden, James Bond zu bekritteln. Denn es gibt Männer, die über jeden Zweifel erhaben sind. Wenige zwar, aber immerhin. James Bond gehört dazu, Tom Jones, Jack Nicholson. Tom Jones trägt eine Dauerwelle und Hosen, die im Schritt zu eng sind, auf der Bühne schwitzt er, und zu seinen Fans gehören englische Hausfrauen mit blauem Stewardeß-Lidschatten – und trotzdem schwebt er darüber. Jack Nicholson hat schütteres Haar, Bauch und Busen, spielt in jedem Pippi-Film mit und hält Rauchen in der Öffentlichkeit immer noch für einen Akt der Rebellion. Aber er muß nur andeuten, daß er gleich die linke Augenbraue heben will – und schon erinnert sich jede Frau daran, daß uns der Herrgott in der bitteren Wirklichkeit mit Männern wie Ulrich Wickert und Michael Schumacher gestraft hat.

Der Über-allen-Zweifeln-Schwebende, der Erhabenste von allen, transzendent bis gasförmig, ist James Bond. Natürlich der Echte. Nicht Roger Moore oder Timothy Dalton oder Pierce Brosnan (schon dieser Name!) oder wie die ganzen Surrogate heißen, sondern Sean Connery. Roger Moore, obwohl er dem Original schon sehr nahe kam, sah immer aus, als würde er mit Davidoff gurgeln, und bei Timothy Dalton konnte auch das Kinngrübchen nichts mehr herausreißen: Vom Regenwald bis in die Wüste Gobi immer mit dem gleichen Bond-Girl an der Hand! Ein Bond bleibt nicht treu, Herrgott! Da gibt es Deko-Geliebte, Action-Geliebte und Schluß-Geliebte. Manche laufen während der Mission zu den feindlichen Unterwasserkampftauchern über oder verwandeln sich in einen Atomsprengkopf. Alles ist möglich. Nur nicht, daß sie während des ganzen Films händchenhaltend an seiner Seite bleiben. Einem monogamen Bond ist alles zuzutrauen. Auch, daß er im Restaurant anfängt, Lottoscheine auszufüllen. Und Pierce Brosnan? Tja, er sieht so aus, als würde er nach nichts riechen, nach nichts schmecken und mit jeder Blümchentapete eins werden. Zu schön, um wahr zu sein.

Nur einem Sean Connery verzeihen die Frauen

alles. Auch wenn er inzwischen mit Lesebrille und langem grauen Pferdeschwanz im Urwald nach einem Krebsmittel forscht, das Ganze an der Seite einer Schauspielerin mit Überbiß. Dieser James Bond hat alles, was sich Frauen an Männern wünschen und nie kriegen: einen Bauch wie ein Waschbrett, Geistesgegenwart auch im Krankenbett (War es in »Liebesgrüße aus Moskau«? Die Krankenschwester steht mit einem Glas im Türrahmen und sagt zu dem im Bett liegenden Bond »Ich brauche eine Urinprobe«, und er antwortet: »Von hier aus?«), Selbstironie und gutsitzende Anzüge.

Um in einem Film mitzuspielen, dessen Handlung sich darauf beschränkt, einen Mann mit einem Kosmetikköfferchen am Handgelenk irgendwo zwischen Sardinien und Khartum herumsausen zu lassen, muß man selbstironisch sein. Ein Mann, der sich auf der Flucht vor rotchinesischen Zwergwüchsigen und deutschen Schrankwandschauspielern befindet, ein Mann, der nur auf seinen linken Zehennagel drücken muß, um das Kosmetikköfferchen in ein laserbetriebenes Amphibienfahrzeug zu verwandeln, und der einen Tennisschläger dazu bringt, sich zum Schnellboot aufzuklappen – so ein Mann kann sich selbst nicht ernst nehmen.

In der Realität sind selbstironische Männer so rar wie französisch sprechende Zwergschnauzer.

Wenn eine Frau nur kichert, fühlen sie sich verunsichert, und ein Kosmetikköfferchen würden sie nicht mal angucken, geschweige denn, es in ein Amphibienfahrzeug verwandeln. Und bei der Kleiderfrage bewegt sich der Durchschnittsmann immer noch auf Troglodyten-Niveau: Schon nach einer durchschnittlichen Autofahrt sieht er so aus, als hätte er in diesem Anzug drei Tage auf dem U-Bahn-Lüftungsschacht geschlafen. James Bond dagegen schafft es, in der venezianischen Lagune ein- und im Amazonas wieder aufzutauchen, ohne daß sein Jackett dabei auch nur zerdrückt wird.

Wenn wir schon mal bei der Abrechnung sind: Auch wenn es um Mut geht, dann sieht es in der Wirklichkeit schlecht aus. Für den Durchschnittsmann löst schon die Vorstellung, Zahnseide benutzen zu müssen, Angstzustände aus. Geschweige denn, in einen brennenden Fahrstuhl zu steigen. Oder aus dem Flugzeug zu springen und erst dann zu gucken, ob man überhaupt einen Fallschirm umgeschnallt hat. Außerdem quatscht James Bond nicht lange rum, sondern knarzt »Keine Ursache!« oder »War mir ein Vergnügen!«, wenn er die Welt gerade vor dem dritten Weltkrieg gerettet hat. Durchschnittsmänner hingegen können schon nicht an sich halten, wenn sie es geschafft haben, ein Faxgerät zu bedienen.

Jetzt drängt sich natürlich eine Frage auf: Wenn

die Männer in Wahrheit so ganz anders sind als James Bond, was bringt uns dann eigentlich zu der Annahme, daß er ein Mann ist? Man denke nur daran, daß es in den Sex-Szenen nie zum Vollzug kommt. Was, wenn sich dahinter ein extraterrestrischer Transsexueller oder Witta Pohl verbirgt? Alles ist möglich.

Die Stunde des guten Vorsatzes

Ein Mann – ein Vorsatz. Das ist doch klar. Wie? Sie haben noch keinen? Jetzt wird's aber allerhöchste Zeit. Ich meine: Wie stehen Sie denn da am Silvesterabend? Bibbernd auf dem Balkon, um Sie herum lauter Chinaböller und gute Vorsätze fürs neue Jahr, und Sie schweigen verstockt? So ganz ohne am 31.12. anzutreten, hat etwas Anstößiges: Ein Mann ohne guten Vorsatz, das ist wie ein Marienkäfer ohne Punkte. Oder wie ein Mantafahrer ohne Manta. Hat der Mann etwas zu verbergen? Eine gewisse Charakterschwäche vielleicht? Verbunden mit einer ausgeprägten Antriebs- oder gar Prinzipienlosigkeit? Auf jeden Fall ist er verdächtig. Für Führungspositionen ungeeignet. Solchen Männern ist schließlich alles zuzutrauen: Am Ende nehmen sie sich nicht ernst? Oder können gar über sich selbst lachen? Wo kommen wir denn da hin!

»In diesem Jahr will ich dreißig Kilo abnehmen.«

– »Im neuen Jahr werde ich meiner Familie mehr Zeit widmen.« – »Im neuen Jahr rauche ich nur noch nach Sonnenuntergang.« – »Ab Mitternacht werde ich keine Pommes frites mehr essen.« – »Ab dem ersten Januar rühre ich keinen Whisky mehr an.« Der Silvesterabend ist der Moment der Läuterung. Nie wieder Blondinenwitze! Nie wieder ein Schwein sein! Nie wieder Computerbabes! Alle Männer nehmen sich fürs neue Jahr vor, ein besserer Mensch zu werden: im Bett auch mal aufs Händi zu verzichten, ab und an ein Buch zu lesen, auf der Autobahn nicht mehr zu drängeln, sich nie mehr die Fußnägel in Gegenwart einer Frau zu schneiden, nie wieder zu mobben, jeden Tag fünf Minuten lang die Gesäßmuskeln anzuspannen, nur noch einmal in der Woche Rindfleisch zu essen.

Wie langweilig. Wie piefig. Wie kleingeistig. Wenn man sich schon die Mühe eines guten Vorsatzes macht, dann sollte das wenigstens mit einer gewissen Kühnheit geschehen. Wie wär's mit »Um Mitternacht schmeiße ich meine Frau raus«? Oder »Beim Glockenschlag werde ich endlich den Mut haben, schwul zu leben«? Oder »Ab dem ersten Januar bekenne ich mich zu meinen Thailand-Reisen«? Auch ein »Im neuen Jahr fordere ich den Geliebten meiner Frau zum Duell auf« zeugt von Nonkonformismus. Aber nein. Statt dessen diese spießigen Vorsätze, mit denen sie nicht mal Claudia Nolte schockieren können. Bekenntnisse kraftlosen Mittelmaßes. Ein Leben, in dem bereits der Verzicht auf das wöchentliche Steak eine Wende darstellt. Ein Leben mit Hoffnung auf Fleißpunkte.

Außerdem muß man sich natürlich fragen, warum sich die Männer wieder mal so von Äußerlichkeiten abhängig machen und sich am 31.12. Dinge vornehmen, die sie, sagen wir, noch am 30.12. entrüstet abgelehnt hätten. Rein theoretisch hätte doch auch nichts dagegen gesprochen, sich am 15. August zu entschließen, das Auto zu verschenken und nur noch mit dem Fahrrad zur Arbeit zu fahren. Nichts hindert daran, an einem 9. April mit dem Rauchen aufzuhören. Männer brauchen aber in ihrem Leben Orientierungshilfen. Und wenn auf ihrer Festplatte der 31. Dezember der Tag des guten Vorsatzes ist, dann bleibt das der Tag des guten Vorsatzes, und Tod und Teufel bringen sie davon nicht ab.

Darüber hinaus sorgt der gute Vorsatz für Gesprächsthemen, was wiederum der unterentwickelten kommunikativen Fähigkeit der Männer zugute kommt. »Ich habe mir fürs neue Jahr vorgenommen, keine Weinbrandbohnen mehr zu essen.« – »Meine Hochachtung, mein Lieber! Wie halten Sie das nur aus! Dazu gehört sicher viel Willenskraft.« Abendfüllend sind aber nicht nur die Gespräche über die guten Vorsätze, auch die »Nur-noch-ein-letztes-Mal-Aktionen« sorgen für erhebende Erlebnisse: Wie ungleich gut schmeckt die Zigarette mit dem Wissen, daß sie die letzte ist! Welch unendlichen Genuß verschafft der letzte Nachmittag mit den Computerbabes! Wie süß schmeckt die letzte Buttercremetorte! Schon ab Anfang November sind die Männer praktisch zu nichts mehr zu gebrauchen, weil sie literweise Whisky trinken und kiloweise Schokolade essen müssen. Die Stunde X naht!

»In der Moral wie in der Kunst ist Reden nichts, Tun alles«, schreibt Ernest Renan. Und enthüllt, wie Männer funktionieren. Denn hinter der Tatsache, daß in der Silvesternacht aus Rauchern Nichtraucher, aus Dicken Dünne, aus Kotelettliebhabern Veganer werden, verbirgt sich natürlich nichts. Das Rauchen wird nach vier Wochen Darbens wieder heimlich auf dem Klo angefangen, aus dreißig abzuspeckenden Kilos werden nur drei, und selbst die sind nur vorübergehend verloren und werden ab dem 15. Januar so hastig wieder aufgefüllt, daß zu der diadochischen Anstrengung noch ein weiteres Kilo Übergewicht kommt. Der Kotelettliebhaber schmeißt am 10. Januar seine Sojaklopse aus dem Fenster. Der Hängepo hängt am 1. Februar immer noch. Aber darüber redet dann keiner mehr. Das Jahr ist ja noch lang.

Der Tamagotcho

Was ist das: Es hat kurze Beine und Bauch. Es verständigt sich per Zeichensprache. Es meldet sich nur, wenn es hungrig / krank / gelangweilt / müde ist oder aufs Klo muß. Und das ist ständig der Fall. Seine Mimik ist äußerst reduziert: entweder lächeln oder toben. Es muß immerzu essen und weiß nie, wann es genug ist. Es möchte unaufhörlich spielen. Was ist das? Ein Mann? Oder ein Tamagotchi-Ei?

Tja, man kann es eben nicht so genau sagen. Es gibt keinen wirklichen Unterschied. Der Mann ist ein Tamagotchi-Ei. Das Tamagotchi-Ei ist ein Mann. Das ist die bittere Wahrheit, meine Herren. Das glauben Sie nicht? Dann schauen wir uns das Tamagotchi doch mal etwas genauer an.

Was uns zunächst auffällt, ist, daß das Ei nicht sonderlich schön ist. Je älter es wird, desto dünner werden die Beine. Bis sie ihm schließlich ganz ausfallen! Und jetzt der Mann. Ich meine, bei älteren Männern hat man das doch schon oft gesehen, das mit den dünnen Beinen und dem Bauch. Und im Alter fallen ihnen auch oft die Beine aus. Dann die Mimik. Das Tamagotchi-Ei kennt nur zwei Gesichtsausdrücke. Haben Sie jemals einen Mann getroffen, der über mehr verfügt? Sagen wir, über drei? Nein? Sehen Sie.

Jetzt zur Kommunikation. Das Tamagotchi verständigt sich nur per Zeichensprache. Es kann nicht sprechen. Das ist ja wohl eine ganz eklatante Parallele! Das Schweigen der Männer. Haben Sie schon mal einen Mann gesehen, der zu Hause mehr als drei Sätze in einer Woche spricht? Und wie war das noch, wenn sich Männer zu bestimmten Uhrzeiten vor dem Kleiderschrank einfinden, um nach zwei Stunden trüben Sitzens in Tränen auszubrechen, weil ihre Frau wieder mal die Zeichensprache nicht mitgekriegt hat? Stumm vor dem Kleiderschrank sitzen heißt nämlich »Soll ich das beige oder das schwarze Jackett anziehen? Ist der blaue Anzug schon gereinigt? Paßt beige zu gelb?«. Und dann die Tamagotchi-Hütestationen. Man gibt die Eier ab, und andere spielen an ihnen herum und geben ihnen zu essen, bis man sie wieder abholt. Ich meine: Was unterscheidet Sportstudios, Fußballclubs und Kneipen von Tamagotchi-Hütestationen? Man gibt die Männer ab, und andere spielen mit ihnen, füttern sie – bis sie wieder abgeholt werden. Tamagotchi-Eier kann man genausowenig wie Männer abstellen. Aber man kann die Pausentaste drücken. Beim Ei muß man dazu den Timer auf »Set« stellen. Beim Mann reicht es, mit dem Ex-Freund zu knutschen. Während der Pause kommt es sowohl beim Mann als auch beim Ei zu einem Entwicklungsstillstand.

Außerdem muß das Tamagotchi ständig gefüttert werden. Entweder mit kompletten Mahlzeiten, kleinen Snacks oder Süßigkeiten. Und das Schlimme ist: Sowohl Tamagotchi-Eier als auch Männer verfügen über kein natürliches Sättigungsgefühl. Sie essen und essen und trinken und trinken, und wenn man ihnen nicht sagt »Jetzt ist aber Schluß!«, dann essen sie so viel, bis sie sich nicht mehr bewegen können und einem im Weg rumliegen.

Sie wollen dauernd spielen. Sowohl die Eier als auch die Männer. Man gibt ihnen Autos an die Hand und Surfbretter, aber schon nach einer Viertelstunde langweilen sie sich wieder und piepen immerzu herum. Ist das Tamagotchi ausgewachsen und nicht genug diszipliniert worden, enthüllt es seinen miesen Charakter: Es steht spät auf, wird selbstsüchtig und fett. Das kennt man ja auch von vielen Männern nach ein, zwei Jahren des Zusammenlebens mit einer Frau! Anfangs sind sowohl Männer als auch Tamagotchi-Eier zeitraubend.

Aber wenn man erst mal begriffen hat, wann man welche Knöpfe drücken muß, kann man sowohl das Ei als auch den Mann mit links bedienen.

Jetzt fragen Sie sich natürlich, was zuerst da war: das Ei oder der Mann? Am Anfang war natürlich der Mann. Daß er verkleinert und in Plastik verpackt ein formidables Spielzeug abgeben würde, haben die Japaner schnell erkannt. Ob es Prada-Schuhe sind oder Mozart-Partituren: Einmal hingeguckt, schon kopiert! Und so war es auch mit den Männern. Er war natürlich eine Frau, die das Tamagotchi-Ei erfand, eine Japanerin, zierlich und mit Haaren wie Chinalack und einer Haut wie Mandelmilch. Zwar lächelte sie immerfort, wie es sich für eine Japanerin gehört, aber innerlich kochte sie, weil sie es leid war, im Büro täglich zwanzigmal von ihrem Mann angerufen zu werden, weil er entweder Hunger hatte und nicht wußte, wie der Kühlschrank zu öffnen ist, oder weil er Schnupfen hatte oder weil ihm schlecht war, weil er am Abend zuvor zu viele Kognaks getrunken hatte (Japaner lieben Kognak, können aber nur wenig vertragen). Oder weil er sich ganz einfach langweilte. Kam die kleine Japanerin abends nach Hause, mußte sie mit ihrem Mann spielen (Käsekästchen oder Kamasutra). Sie rächte sich, indem sie aus ihrem Mann ein Spielzeug machte.

Wie, Sie finden schon, daß es noch einen kleinen Unterschied gibt zwischen dem Mann – und einem Tamagotchi-Ei? Gut, man kann einen Mann nicht am Hosenbund mit sich herumtragen. Aus einem Mann schlüpfen keine Jungen per Knopfdruck. Ein Mann kostet mehr als 29,80 Mark. Aber sonst?

Homo Grillensis

Kennen Sie eine Frau, die grillt? Selbstverständlich nicht. Damit fängt's doch schon mal an. Keine Frau kommt auf so eine Schwachsinnsidee. Grillen ist eine ausschließlich männliche Tätigkeit. Allein das müßte einem durchschnittlich gebildeten Mann zu denken geben: Kaum heißt es von irgendwelchen Beschäftigungen, es handle sich um »ausschließlich männliche Tätigkeiten«, schon reißen sich die Männer darum: Holzhacken, Schlangestehen in Baumärkten, in Formel-1-Wagen mit 220 Stundenkilometern gegen ein Mäuerchen knallen, Range Rover fahren, grillen. Und keinem Mann kommt es verdächtig vor, daß weit und breit keine Frau zu sehen ist, die mit Begeisterung gegen ein Betonmäuerchen rast. Oder die mit Inbrunst Schweinekoteletts grillt.

Aber weil diese Erkenntnisse noch nicht zum Allgemeingut geworden sind, gibt es immer noch Millionen von Männern, die Sommerabend für

Sommerabend dazu beitragen, das Ozonloch zu vergrößern. Wir stellen uns also die besorgte Frage: Wie konnte es so weit kommen?

Am Anfang war das Feuer. In Momenten der Bedrängnis reden sich die Männer immer aufs Archaische heraus: Kaum riecht der Mann ein Stückchen Holzkohle, straft er jeden Positivismus und alle Entwicklungstheorien Lügen und benimmt sich, als hätte ihn der Weg direkt aus der Savanne in den Supermarkt geführt. An der Fleischtheke erlegt er ein paar zappelnde Schweinekoteletts, mit Pfeil und Bogen bringt er zwanzig zitternde Rostbratwürste zur Strecke, er lauert mit wölfischem Glimmen in den Augen einem arglosen Trupp Spareribs auf und murkst drei Lammkoteletts eigenhändig ab. Im Vorbeigehen zielt er noch einer Dose Zigeunersoße zwischen die Augen und verbeißt sich in die Kehle einer 5-Kilo-Tüte Holzkohle. Die Schachtel Würfelanzünder, die Pappteller und das Plastikbesteck erledigt er per Handkantenschlag. Mit befriedigtem Brummen schultert er die Beute und verzieht sich in seine Höhle. Dort reißt er sich unter greulichem Triumphgeheul seine Kleidung vom Leib, bis er dann schließlich in kurzen Hosen und mit Feinripphemd dasteht, die Füße stecken in Socken und Sandalen. Jetzt, da die Mutation zum *homo grillensis* vollständig ist, ersticht der Mann noch ein Plastikfäßchen Bier, und es kann losgehen. Magische Mantras murmelnd, manche versuchen es auch mit Heizöl, wird gefächelt und gefackelt, die Funken stieben, bis die Brusthaare schmurgeln. Wenn die Holzkohle glimmt, werden die Lammkoteletts im Nacken gepackt und auf den Grill geworfen. Dort bleiben sie dann, bis sie »schön durch« sind, blauschwarz und bis auf Zehennagelgröße geschrumpft. Es könnte sich auch um einen karbonisierten Hamster handeln, egal, auf dem Grill wird alles gleich und durch rote Barbecue-Soße neutralisiert.

Immerhin: Der derart beschäftigte Mann ist im Grunde friedfertig, er brummt still vor sich hin, er wendet hier und spießt da auf, wehe nur, wenn ein anderer Griller in seinem Territorium aufkreuzt. Dann wird er zum Tier. Wenn vom Balkon unter ihm der Geruch eines verbrennenden Hüftsteaks aufsteigt, verliert er die Besinnung und wirft wild mit Schaschlikspießchen um sich.

Na, und die Frauen? Die sind herzlos wie immer. Sie sagen Sätze wie »Kein Mensch will Gegrilltes essen, es sei denn, er beabsichtigt Selbstmord zu begehen.« Sie mögen keine Pappteller, erst recht nicht kalte verkohlte Bratwürste, und den männlichen Grillkünsten stehen sie bestenfalls gleichgültig gegenüber. Mehr noch: Sie bemerken, daß sich ja vor allem diejenigen Männer am Rost fanatisch gebärden, die ansonsten jeden Toaster zur Explosion bringen.

Keine anständige Frau umgibt sich mit Männern, von denen zu befürchten ist, daß sie sich plötzlich in einer lauen Sommernacht als berüchtigte Griller entpuppen könnten. Ein Mann, der eine Frau zum Grillen einlädt, in ihrer Gegenwart grillt oder ihr vom Grillen erzählt, berührt immer irgendwie seltsam. Wie ein Gummifetischist. Oder ein tätowierter Legastheniker. Ein Mann, der grillt, löst bei Frauen stets eine Mischung zwischen Abscheu und Mitgefühl aus. Er kann vielleicht nichts dafür, aber erschreckend ist es doch. Doktor Jekyll und Mister Hyde: Eben war er noch ganz normal, und jetzt steht er da und grillt?

Und dann gibt es noch die Frauen, die ihre Männer ausschalten, indem sie ihnen den Satz »Stell doch schon mal den Grill im Garten auf« hinflöten. Das ist natürlich der Gipfel der Perfidie. Denn diese Frauen wissen, daß grillende Männer für das öffentliche Leben praktisch bedeutungslos sind. Diese Männer leben nur noch im Hinblick auf den Ausbruch der Grillsaison: Dann rösten sie alles, was ihnen nicht entkommen kann, bis eine dichte Rauchdecke über der Stadt hängt. Sicher, von Zeit zu Zeit werden auch sie von einer gewissen Unlust befallen, aber die läßt sich leicht beheben.

Man muß nur von Zeit zu Zeit etwas von »typisch männlicher Tätigkeit« murmeln und vom Feuer, das ja Männersache ist, und schon sind die Männer aus dem Weg geschafft. So einfach kann es sein!

Die Welt ist voller Zeichen

Was machen Männer nicht alles heimlich! Strapse anziehen, die Haare färben, im Kino weinen. An der Ampel in der Nase bohren. All das hinterrücks, auf daß das Bild des Weltenlenkers keine Flecken kriege. Und natürlich lesen sie auch Horoskope, denn um Licht in ihre Düsternis zu bringen, die Welt zu entwirren, dem Chaos zu trotzen, lassen sie keine Möglichkeit aus. Sie steigen mit dem rechten Fuß zuerst ins Flugzeug und bekreuzigen sich, wenn das Erfrischungstuch erst nach den Erdnüssen gereicht wird. Sie betreiben Schreibtisch-Fetischismus und fangen an zu zittern, wenn der Briefbeschwerer nicht wie gewohnt neben den vertrockneten Filzstiften liegt, weil die unheilvollen Tage immer damit begonnen haben, daß die Putzfrau den Schreibtisch umgeräumt hatte. Sie wechseln ihre Unterhemden nicht, sie schnüren erst den linken, dann den rechten Schuh – alles in der Hoffnung, die wüste Welt in den Griff zu kriegen.

Tarot und Talismänner. Bergkristalldoktrin und Glücksfädchendogma. Chiromantie und Homöopathie. Männer waren insgeheim schon immer der Meinung, daß es ein Versäumnis ist, Welt und Natur einfach so schulterzuckend hinzunehmen. Von wegen: Der Mann, ein Mensch, der im tiefsten Materialismus wurzelt! Bar jeder dritten Dimension! Die Welt ist voller Zeichen!

Dabei halten sich natürlich nur Anfänger mit tagelangem Bleigießen auf (»Sieht das nicht wie die Perücke von Ludwig dem Vierzehnten aus? Vielleicht sollte ich den Plan mit der Haartransplantation doch besser fallen lassen!«) oder mit chinesischen Horoskopen (»Mein Chef ist ein Schwein und meine Frau eine Schlange. Und das im Jahr des Affen!«). Fortgeschrittene gehen in der Mittagspause zu Madame Lydia, die sich für die Wiedergeburt eines ägyptischen Juwelenkäfers hält, und lassen sich von ihr die Hand lesen: »Ihre Intelligenzlinie ist, bitte drehen Sie die Hand doch etwas zum Licht, ja, tatsächlich, die Intelligenzlinie ist, na, so etwas habe ich noch nie gesehen! Ihre Intelligenzlinie fehlt fast vollständig! Ehrgeiz, auch mäßig entwickelt. Da, die Herzlinie. Leider nicht sehr ausgeprägt. Dafür aber die Lebenslinie, ja, die ist sehr schön. Sie werden ein langes Leben haben, mein lieber Doktor Wüllenweber!«

Haben die Männer sich auf diese Weise einen Zugang zur Welt geschaffen, kann sie nichts mehr überraschen. Läuft eine Katze von links nach rechts über den Zebrastreifen und streckt einem Mann die Zunge raus, dann, so wissen sie, hilft nur Gegenzauber: Italiener fassen in Momenten der Bedrängnis an Metall oder, in Ermangelung desselben, an die Testikeln, vulgo *coglioni*. Wer keine hat, kaut auf Bärwurz, trommelt aber auf gar keinen Fall mit den Fingern auf dem Tisch, denn das ruft noch mehr Unglück herbei. Auch bringt es Unglück, zwei verschiedene Socken zu tragen, wenn man mit 199 Stundenkilometern durch eine Unterführung saust. Fördernd auf die Gesundheit wirkt sich dagegen aus, sich im Frühjahr beim Erblicken der ersten Bachstelze auf der Erde zu wälzen, stets etwas Friedhofserde bei sich zu tragen und am Weihnachts- und Silvesterabend sowie zu Fastnacht frische Wäsche anzuziehen. Wer seinen Bürokollegen nicht leiden kann, läßt ihn über eine mit der Schneide nach oben liegende Axt und einen Besen springen. Wer zu Gehaltsgesprächen geht, weiß, daß er sich auf dem Flur nicht umzudrehen hat, denn sonst sieht sich der Chef nach einem anderen Anzeigenleiter um. Erfolgversprechend für das Berufsleben ist es, sich vor dem Einstellungsgespräch ein Nickerchen unter dem Holunderstrauch zu gönnen und während des Gesprächs so oft wie möglich mit offenem Mund zu niesen. Wünscht sich ein Fußballspieler gutes Gelingen für das Auswärtsspiel gegen Bayern München, so reicht es, in eine Unterhose hineinzulachen oder die Unterhose eines Junggesellen falsch rum aufzuhängen. Handballspieler beginnen kein Spiel, ohne sich vorher im Kreis aufzustellen und dreimal »Hucki-hucki-ha-ha-ho« zu rufen. Wer sich in einer fremden Stadt trotz Satellitennavigation verfährt, hält am Straßenrand an, klopft die Schuhe aus, schlägt sie dreimal mit den Absätzen zusammen und wirft sie über die rechte Schulter. Schon zeigt sich der rechte Pfad. Steckt ein Mann der Arbeitskollegin etwas Maggikraut in den Aktenkoffer, so muß er nicht mehr befürchten, daß er bei der nächsten Beförderung wieder von ihr überholt wird. Tritt eine fremde Frau in die Wohnung eines Mannes, so sieht er zuvor unter seinem Bett und in den Schubladen nach und ißt die Briefe seiner vergangenen Geliebten sofort auf, dann kann ihm niemand etwas anhaben.

Und meine Herren, wir wissen noch mehr: Besteht ein Mann im Restaurant darauf, mit einer Frau die Rechnung zu teilen, so muß er noch sieben Jahre auf sein Liebesglück warten. Männer, die Porzellankatzen lieben, bekommen nie eine Frau. Das dreizehnte Monatsgehalt muß noch vor dem Sonnenaufgang des fünften Tages an die erste Frau verschenkt werden, mit der der Mann die Bettstatt teilt, sonst dräut Unheil. Die Welt ist voller Zeichen? Eben.

Weil es noch keiner gemacht hat

Manchmal lohnt es sich, das Radio einzuschalten: Die Moderatorin interviewte Georg Wimmer (Name von der Redaktion geändert), der in einem Oberpfaffenhofener Sportstudio gerade eine rekordverdächtige Leistung aufstellte: 24-Stunden-Dauerradeln auf einem Fitneß-Rad. Selbstverständlich unter notarieller Aufsicht. Nachdem sich die Moderatorin zartfühlend nach dem Befinden seines Hinterns erkundigt und Wimmer ein »Salben, salben, salben« gestöhnt hatte, stellte sie die einzig berechtigte, wenngleich von Wimmer gänzlich unerwartete Frage. Die Frage nach dem Sinn. »Warum machen Sie das?«

Am anderen Ende der Leitung lärmte die Stille, bis Wimmer schließlich nach Minuten angestrengten Überlegens antwortete. Er sagte: »Ja, weil es noch keiner gemacht hat.«

Tja. So schlicht können Männer sein. Weil es noch keiner gemacht hat! Ja, warum wohl? Natür-

lich kommt der Wimmer Georg nicht auf den nahe-
liegenden Gedanken, daß es dafür höchstwahr-
scheinlich einen guten Grund gibt. Vielleicht hat
es noch keiner gemacht, weil 24stündiges Dauer-
radeln auf einem Fitneß-Rad so bereichernd ist wie
24stündiges Nägelkauen?

Männer wollen die ersten sein, egal ob im Dauer-
duschen oder im Negerküsse-Essen, das ist ein
Zwang, um den sie gar nicht genug bedauert werden
können. Egal, ob sie Teebeutel-Anhänger sammeln
(4321 Stück aus 51 Staaten von 523 verschiedenen
Teefirmen), ihren Ehrgeiz in der Pfannkuchen-am-
schnellsten-wenden-Disziplin ausleben (307mal in
2 Minuten) oder sich beim Dauerapplaudieren gegen die Konkurrenz durchsetzen (160mal In-die-
Hände-Klatschen pro Minute, hörbar bis zu 110 Meter weit). Egal was, Hauptsache der erste.

Der Finne Risto Antikainen stellte den Rekord
für das Werfen-eines-rohen-Hühnereis-ohne-es-zu-
zerbrechen auf (96,6 Meter). Und es kommt noch
schlimmer: 214 sächsische Friseure bliesen zum
Rekord. Auf dem Kamm. In der Chemnitzer Stadt-
halle. Die Ouvertüre des Barbiers von Sevilla. Unter
der Leitung eines Kapellmeisters.

Jetzt könnte man sagen: Gut. So sind sie eben,
die Sachsen. Oder: Ja, ja, die Finnen. Aber da gibt
es noch völlig durchschnittliche Männer – West-

falen, Bayern oder Niedersachsen, vielleicht auch Österreicher –, die bis dahin gänzlich unauffällige Existenzen führten, nie schwarz mit der U-Bahn fuhren, die Haare ordentlich fönten, beim Anblick von Käfighühnereiern in Tränen ausbrachen – und auch die wollten plötzlich die ersten sein. Und wenn sie nicht endlich im Kampf um den Rechtsabteilungsleiterposten siegreich hervorgehen, sind sie bis ans Ende ihrer Tage dazu verdammt, um die Bestleistung im Haarspalten (17mal in 18 Teile) zu kämpfen, verbissen Kartenspiele zu zerreißen (120 Stück auf einmal) oder rückwärts radzufahren (60,45 Kilometer) und dabei Geige zu spielen (Bach).

Alle Männer wollen mindestens einmal im Leben die ersten sein. Das ganze Guinness-Buch der Rekorde ist ein erschütternder Beleg für diese spezifisch männliche Demenz. Rivalität auch in der Nutzlosigkeit. Keine Frau käme auf die Idee, 338 000 Streichhölzer zu 845 Würfeln zu je 400 Streichhölzern aufzubauen, um sie dann abzubrennen, nur um lediglich behaupten zu können, die erste gewesen zu sein. Genausogut könnte man den Rekord aufstellen, drei Monate lang ununterbrochen zwischen der U-Bahnstation Giselastraße und Münchner Freiheit hin- und herzufahren und dabei »Carmina Burana« zu pfeifen. Hat auch noch keiner gemacht. Aber machen wir es kurz. Sinnsuche in Männerköpfen ist etwa so wie Trüffelsuche in der Wüste Gobi.

Nehmen wir sie so schlicht, wie sie sind. Denn der Mann will im Grunde nichts anderes, als geführt zu werden. Das eröffnet natürlich gewisse Perspektiven. Man muß einem Mann nur sagen: »Hey, wußtest du schon, daß es noch nie einen Mann gab, der es geschafft hat, Prousts ›Suche nach der verlorenen Zeit‹ rückwärts zu buchstabieren und dabei Polka zu tanzen?« Und die nächsten drei Wochen ist Ruhe, der Mann ist beschäftigt, und man kann endlich in Ruhe die Harald-Schmidt-Show sehen, ohne daß er immer dazwischenquatscht. Mit der Aussicht auf den Rekord kann man dem Mann jede noch so geistlose Tätigkeit schmackhaft machen. Bücherkisten schleppen. Cola-Dosen stapeln. Man muß seine Energien nur zu kanalisieren wissen.

Oft reicht es, einfach beiläufig zu bemerken »Eigentlich unglaublich, daß es bisher kein Mann geschafft hat, länger als vierundzwanzig Stunden einen Kinderwagen zu schieben«, und der Mann ist gar nicht mehr vom Kinderwagen wegzukriegen. Viele Männer sind auf dem besten Wege, auch den Haushalt als Schauplatz rekordverdächtiger Aktionen zu entdecken. Und im Guinness-Buch sind bereits interessante Leistungen zu verzeichnen. Da bügelt ein Mann zehn Stunden lang! Allerdings nur an einem Hemd. Irgendwas ist da noch falsch gelaufen. An diesem Rekord muß noch gearbeitet werden.

Der Mann und sein Spielzeug

Der Mann, das bekannte Wesen. Wenigstens einmal könnten sie einen ja überraschen, einem klaglos den Rasierapparat zum Enthaaren überlassen oder die drei Paolo-Conte-CDs und die Jarmusch-Videos in völliger Selbstlosigkeit verleihen (»Nimm sie mit! Nimm! Behalte sie, solange du willst!«), wenigstens einmal könnten sie sich beherrschen, wenn man versucht, den Sender im Autoradio einzustellen, wenigstens einmal könnten sie kommentarlos das silberne Benzinfeuerzeug aus der Hand geben, aber: nein! Statt dessen benehmen sie sich kolumnenreif, schreien »Meins! Meins! Meins!« und zerren einem die CDs aus den Händen. »Das-ist-mein-Eimerchen-gib-mir-sofort-mein-Eimerchen-wieder.« Nichts ist vergeblicher als der Versuch, einen Mann dazu zu bewegen, sein Spielzeug zu verleihen.

Frauen stoßen in solchen Momenten im allgemeinen den Seufzer »Männer!« aus, der klanglich irgendwo zwischen einem achselzuckenden »Tja, so sind sie eben, die Cockerspaniel!« und einem resignierten »Wozu braucht der Mensch eigentlich einen Eierkocher!« liegt. Bei einem Cockerspaniel beispielsweise weiß jeder Cockerspaniel-Besitzer, daß dieser Hund völlig taub ist, weshalb der Zuruf »Platz!« ebenso absurd wie rührend optimistisch ist. Ebenso verhält es sich mit dem Eierkocher. Kein Mensch braucht einen Eierkocher, es ist das peinlichste Küchen-Utensil gleich nach dem Tischgrill. Der Mann liegt irgendwo dazwischen. Zwischen Cockerspaniel und Eierkocher, zwischen der Erkenntnis, daß die Hoffnung auf seine Bildbarkeit vergebens ist, und der Einsicht, daß er im Leben so hilfreich ist wie ein nie benutzter Eierkocher.

Zurück zum Rasierapparat. Ein Mann, der feststellt, daß sich eine Frau den Rasierer zum Wollmäuse-von-Pulloverärmeln-Abscheren oder zum Kaktus-Rasieren ausgeliehen hat, kriegt eine Krise. Dieser Mann wird toben, als hätte man versucht, ihn mit dem Gurkenhobel zu kastrieren oder ihn in den Mutterschaftsurlaub abzuschieben. Der Rasierer ist heilig. Wahrscheinlich entsteht die ganze Aufregung nur dadurch, daß eine Frau mit ihrem Akt vorführt, daß Bartstoppeln kein besonderes Verdienst sind, sondern im Grunde nichts anderes als Kaktusstoppeln, Wollmäuse oder Haare an den Beinen.

Dann die Fernbedienung des Fernsehers. Neunzig Prozent aller Männer kann man sie nur nach einem gezielten Handkantenschlag entwenden, und die restlichen zehn Prozent drohen, sie zu verschlucken, wenn man anstelle irgendeines Deppen-Senders lieber ARTE sehen will. Und in nicht zu übertreffender Heuchelei jammern dann genau die Männer, die die Fernbedienung als natürliche Verlängerung ihrer Handwurzel verstehen, daß man mit Frauen ja überhaupt keinen gemütlichen Fernsehabend verbringen könne.

Natürlich wird die armselige Kleingeistigkeit, mit der Männer an ihren Rasierapparaten, den CDs oder den Fernbedienungen hängen, schon vom Windelalter an gefördert. In jeder Familie gibt es einen blöden Onkel, meist Onkel Wilhelm, der dem kleinen Neffen simple Männerwahrheiten mit auf den Weg gibt. Zum Beispiel das von den »drei F's, die ein Mann nie verleihen soll: die Frau, den Federhalter, das Fahrzeug. Har, har, har«. Im Alter nimmt das kuriose Züge an: Wenn sie schon die Frau nicht mehr an der Dunstabzugshaube anketten können, dann versuchen sie sich wenigstens mit dem Montblanc-Meisterstück auszutoben. Obwohl sie das phallische Symbol nicht mehr als dreimal benutzt haben und immer noch nicht verstehen, wie die Tinte da reinkommt, führen sie sich auf, als hätte man versucht, sie zu vergewaltigen, wenn man mit dem Ding mal schnell eine Telefonnummer kritzelt. Und bei den Autos fällt einem nur die zwar simple, dennoch treffende altenglische Weisheit ein: »*The difference between men and boys is the price of the toys.*« Schon das Bewußtsein, einen Jaguar oder einen Jeep mit hochgelegtem Auspuffrohr zu fahren, läßt den Testarossa-Spiegel in die Höhe schnellen. Dann gibt es noch Männer, für die Espressomaschinen sakrale Gegenstände sind, und die sich jedesmal, wenn man einen verdammten Cappuccino selbst zubereiten will, aufführen, als zische die Espressomaschine jetzt raketengleich zum Himmel. Und erst die Golfschlägerfetischisten! Kaum hat man das Ding mal, nachdem es nutzlose Jahre mit Auf- und Abputten verbringen mußte, endlich einem sinnvollen Daseinszweck zugeführt, nämlich um Kastanien runterzuschlagen, die tote Eule aus der verstopften Regenrinne zu puhlen oder das Kaminfeuer aufzulockern, kaum also hat man den Schläger in der Hand, rastet der Kerl aus und schreit was von Neu-Schleifenlassen und Golfschläger-Klinik.

Tatsache ist, daß der Mann im Laufe der Evolution nicht viel, aber etwas Entscheidendes gelernt hat: Macht gibt man nicht aus der Hand. Weder die über das Fernsehprogramm noch über die Espresso-Konsistenz. Wohin das führt, wenn man Frauen den kleinen Finger reicht, hat man ja gesehen: Hier rüschenblusige Ministerinnen, die ihren Mann zum Hausmann dressieren, dort mannhafte Managerinnen, die ansonsten auf dirty talk stehen. So etwas soll sich nicht wiederholen. Mein Rasierer gehört mir!

Super-Hillu

Nix ist mehr so, wie es mal war. Schnee auf Gran Canaria. Nitrat im Trinkwasser. Kaum klatscht der Mann seiner Kollegin auf den Hintern, hat er einen Prozeß am Hals. Wohin der getrübte Männerblick fällt: Frauenbeauftragte an jeder Ecke. Wenn man sich dann noch, so wie Gerhard Schröder, in einem Alter befindet, wo die Ohrläppchen immer länger werden, wird man empfänglich für Blicke von Frauen, die aussehen, als könnten sie ein Kotelett braten. Im Alter konzentriert man sich eben wieder mehr auf das Wesentliche, das Vegetative: Essen und Trinken hält Leib und Seele zusammen. Ein Pfund Rindfleisch ist ein Pfund Rindfleisch. Alles andere ist Einbildung!

Jetzt mal ganz ehrlich: Was bleibt ihnen auch sonst, den Männern? Umzingelt von Frauen, die, wie Super-Hillu, *horribile dictu*, gegensätzliche Meinungen vertreten! Das hält doch der stärkste Mann nicht aus. Man stelle sich nur vor: Pro Frau je eine eigene, je eine gegensätzliche Meinung. Das macht, bedingt durch Wiedervereinigung und Frauenüberschuß, knapp 45 Millionen eigene, gegensätzliche Meinungen. Die Zeitungsfrau hat die eine eigene Meinung, die Putzfrau eine andere, auf jeden Fall aber gegensätzlich. Die Ministerin ist anderer Auffassung und die Sekretärin unterschiedlicher Ansicht. Die Geliebte ist dagegen, die Ehefrau dafür. Ja wo kommen wir denn da hin! Das ist doch der Anfang vom Ende! »Jawoll!« krächzt es millionenfach aus deutschen Männerkehlen, »Schluß mit den Meinungen, den eigenen und den gegensätzlichen! Hinfort mit den Hirsebratlingen!« Folgerichtig hatte der niedersächsische Befreiungsschlag auf bundesdeutsche Männer die gleiche Wirkung wie Wick-Vaporub: Endlich kann Schröder wieder »männlich tief durchatmen«, weiß die Bildzeitung.

Denn, wir erinnern uns, es lag wie ein Alp auf Deutschlands Männerbronchien, daß Schröder unter dem unheilvollen Einfluß von drei (!) Frauen (macht drei eigene, drei gegensätzliche Meinungen) im Begriff war, zum feministischen Hoffnungsträger zu mutieren. Zum Frauenfreund! Nicht auszudenken. Männer, die behaupten, sie seien die uneingeschränkten Herren im Haus, lügen auch bei anderer Gelegenheit, sagte zwar schon Mark Twain, aber der war ja auch Amerikaner. Hierzulande konnte man derartige Erkenntnisse noch erfolgreich unterdrücken. Schröders Bekenntnisse (»Sie ist der einzige Mensch, dem ich mich ausliefern würde«) ließen deutschen Männern den Atem rasseln. Besorgt berichteten seine Parteifreunde davon, daß er auf dem besten Wege sei, auch noch selbstironisch zu werden. Man vermutete dahinter Psychoterror. Mit einer gewissen Kurzatmigkeit zwar, aber immerhin, sagte Schröder Sätze wie: »Wenn ich weiter so aussehe wie im sechsten Monat schwanger, läßt mich meine Frau nicht mehr ins Bett.« Selbstironie ist ungefähr das Schlimmste, was einem deutschen Mann passieren kann. Humor ist schon schlimm genug, aber doch nicht auf eigene Kosten!

Parteifreunde wie -feinde fingen an zu zittern. Wenn das erst Schule macht! Nachts träumten sie schweißgebadet von widerborstigen Wählerinnen und ehrgeizigen Ex- und Ehefrauen: Hannelore Kohl als Außenministerin! Christa Lafontaine als Wirtschaftsministerin! Jutta Scharping als Kanzlerkandidatin! Und alle immerzu gegensätzlicher Meinung! Aber dann fingen bei Schröder die Haare an, aus den Ohren rauszuwachsen, und schlagartig hörte es bei ihm auf mit der Selbstironie. Als wäre nie etwas gewesen! Gott sei Dank, sagten da die Parteigenossen, die sich schon fast dazu verstiegen hätten, unaufgefordert die Frühstückstassen wegzuräumen, Gott sei Dank bist du wieder einer von uns. Und jedem Journalisten erzählte Schröder die unendliche Geschichte seiner Gehirnwäsche – der Demütigungen war kein Ende. Erstens: Er mußte bei den Kaninchen (oder waren es die Meerschweinchen?) schlafen. Zweitens: Er mußte seine Weihnachtsgans ganz allein essen (vier Tage lang!). Drittens: Er durfte zu Hause keine Zigarren rauchen. Viertens: Er mußte sich zu Hause »Gerda« nennen lassen. Kann so ein Mann Kanzler sein? Wohl kaum.

Als nächstes verpaßten ihm seine Image-Berater, längst überfällig, eine Geliebte. Eine, die zu ihm aufschaut – was bei Doris, die nicht größer ist als ein mittlerer Labrador, schlechterdings unvermeidlich ist. Es folgt jetzt die Preisfrage: Wenn Hillu, Schröders dritte Frau, 1,60 Meter groß ist, Doris allerdings nur 1,51 Meter – wird Schröders übernächste Frau dann unter der Ein-Meter-Marke bleiben? Sorge machte zunächst nur die Beschaffenheit dieser Doris, die, wie die Boulevardpresse verriet, zur mysteriösen Gattung der »Noch-nicht-Frauen« gehörte. Wenn sie keine Frau ist, was ist sie dann? fragte sich die deutsche Öffentlichkeit. Eine Fernbedienung etwa? Oder ein Rollenkoffer? Und was muß sie tun, um zur Frau zu werden? Ein Schwein schlachten? Oder reicht es, eine Currywurst zu braten? Darf sie eine Meinung haben, eine gegensätzliche? Als sich auch das Ausland zu sorgen begann, wurde geheiratet.

Für Super-Hillu freuen wir uns. Man muß das auch positiv sehen: Endlich keine öden Parteitage mit übergewichtigen Sozialdemokraten mehr! Endlich keine unbezahlte Wahlkampfhilfe mehr! Endlich keine Abende mit dem knickrigen Lafontaine in verräucherten Bierzelten! Schluß mit den Wahlkampftouren durch das verregnete Niedersachsen! Weg mit dem Zigarrenrauch! Freies Atmen für freie Frauen!

Fast wie Hemingway

Ich habe nichts gegen Männer, die Zigarren rauchen. Es gibt Schlimmeres. Pädophile Männer zum Beispiel oder Nekrophile oder Neonazis. Ein Zigarrenraucher, der weder im Restaurant noch an der Bar, nicht im Auto und erst recht nicht im Hotelzimmer raucht, sondern der seine Corona zu Hause hinter luftdicht versiegelten Türen schmaucht, ist nicht wirklich schlimm. Nein, es hat sogar etwas Liebenswertes an sich: Jede Frau erinnert sich mit Zärtlichkeit an den Großvater, der immer am Fenster im Sessel saß und stillvergnügt seine »Weißen Raben« paffte, wochentags die zu fünf und sonntags die zu zehn Pfennig. Oder an den dicken Wirtschaftswunder-Großonkel, in dessen blankpoliertem Gesicht immer ein erloschener Stumpen gesteckt hatte. Solange das Zigarrenrauchen wie eine Privatangelegenheit behandelt und mit einer gewissen Diskretion betrieben wird, solange der Zigarrenraucher einen nicht mit Rauch betäubt, bis man das Bewußtsein verliert und stinkt, als hätte man sich in Elefantenmist gewälzt – so lange sind zigarrenrauchende Männer nicht wirklich unerträglich. Auch Zigarrenrauch-Orgien, wie sie der gute Arnold Schwarzenegger zu PR-Zwecken in seinem Restaurant »Schatzi« veranstaltet, sind in Ordnung: 3000 Männer rauchen Zigarren, bis ihnen die Zunge wellensittichgleich anschwillt, dann reden sie schweinisch daher und gehen wieder nach Hause. Warum auch nicht.

Zigarrenrauchende Männer sind aber dann eine Pest, wenn sie die Zigarre für ein Bekenntnis halten: Hier ist ein Mann, der auch mal viere grade sein lassen kann! Wenn jeder Mantafahrer glaubt, per Sumatra zum Connaisseur zu mutieren, und sich jeder Sonnenstudio-Betreiber mit der Cohiba in der Hand so rebellisch fühlt wie Che Guevara, dann ist Zigarrenrauchen so peinlich wie ein Urlaub in der Dominikanischen.

Kreti, Pleti und Harald Juhnke rauchen Zigarre, so daß einem ernsthaften Zigarrenraucher angst und bange werden kann. Seitdem David Letterman und Jack Nicholson mit Zigarre fotografiert wurden, läßt sich vom drittklassigen Schauspieler bis zum Vorstandschef der Hypobank jeder Mann mit einer Zigarre in der Hand porträtieren, die so dick ist, daß er sie kaum zwischen seinen kurzen Fingern halten kann. Und dann wird die komplette Besetzungsliste der Kulturgeschichte strapaziert: Winston Churchill und Ernest Hemingway und Alfred Hitchcock, Heiner Müller und Bertolt Brecht. »Alles Zigarrenraucher!« heißt es, als wäre das ein Verdienst. Tatsache aber ist, daß Zigarrenrauchen allein nicht ausreicht, um die Drei-Groschen-Oper zu schreiben.

Geschmackvoller als jede Zigarette sei die Zigarre, heißt es, eleganter sei sie und, natürlich, männlicher. Jaja. Männern kann man ja bekannterweise alles mögliche andrehen, solange es nur teuer genug ist. Wären Duschhauben nicht unter 900 Mark zu kriegen – kein Mann käme ohne Duschhaube ins Büro. Deshalb ist an der Zigarre die Banderole am wichtigsten. Rauchen mit Preisschild: Am besten die weiße Davidoff-Banderole, die kennt jeder Depp, und sie verheißt, daß dieser Genußmensch es sich leisten kann, zwischen 25 und 65 Mark in Rauch aufgehen zu lassen. Schon läßt sich jeder Versicherungs-Zweigstellenleiter mit der zweiundzwanzig Zentimeter langen Aniversario no. 1 sehen, um Genußfähigkeit zu demonstrieren. In jedem Wienerwald-Restaurant werden Zigarren zum Dessert angeboten, es wird gelutscht, gekaut, gesaugt und mit Mahagoni-Streichhölzern in der Länge von Spazierstöcken gefuchtelt. Besonders Ehrgeizige veranstalten beim Anzünden mit allerlei Holzspänen (Zedernholz!) auf der Untertasse ein kleines Lagerfeuer, aber das sind auch diejenigen, die sich ihre Hähnchen mit Kognak flambieren lassen, da muß man nachsichtig sein.

Zum Rauchen-mit-Preisschild kommt dann noch die Ausrüstung, ohne die kein Zigarrenraucher mehr um die Ecke biegt (vom Havanna-Wahn befallene Männer nennen das »Paraphernalia«) – Spielzeug ohne Ende: die Davidoff-Zigarrenschere, die runde Davidoff-Reiseguillotine, und natürlich das Klimakästchen, der Humidor aus Wurzelholz für 3148 Mark, in dem sich bei 71 Prozent Luftfeuchtigkeit die Zigarren so frisch halten wie kubanische Mädchenschenkel. Wobei wir beim heiklen Thema Raucherpoesie angelangt wären: Während sich der schlichte Zigarettenraucher mit einem »Wer wird denn gleich in die Luft gehen« begnügt, verlangt es den Zigarrenraucher nach stärkeren Sentenzen: »Mit Cigarren ist es wie mit den Frauen, schenkt man ihnen nicht die volle Aufmerksamkeit, gehen sie aus.« Man achte übrigens auf das vornehme Cigarren-C: Der elegante Raucher cieht an der Cigarre, was das Ceug hält! Oder »*A woman is only a woman, but a good cigar is a smoke.*« Bei den Zigarren ist die Welt wieder in Ordnung. Altherrenwitze für Männer, die lila Korsagen sexy finden.

Sie haben auch den Mythos von der Zigarre als Phallussymbol in die Welt gesetzt. Nun gibt es bereits eine Reihe von höchst unterschiedlichen Dingen, die als Phallussymbole herhalten mußten – Kirchtürme und Betonpolder, Regenschirme und Wolkenkratzer, Lippenstifte und Kugelschreiber – warum dann nicht auch die Zigarre? Nachdenklich stimmt uns in diesem Zusammenhang nur der Gebrauch der Davidoffschen Reiseguillotine. Ansonsten aber erträumt sich der Mann sein Dings so: zweiundzwanzig Zentimeter lang und straff und fest, sobald man ihn aus dem Humidor holt. Es sei ihm gegönnt. Humidore für alle!

Der Fan

Glaubt man der Presse, dann hat der deutsche Mann vom Frühstück bis zum Abendessen nichts anderes zu tun, als die Rendite für eine dreißigjährige Staatsanleihe auszurechnen und gegen den Latin Lover zu polemisieren. Aber viele Zeitungen lügen, das ist ja bekannt, wer wüßte das nicht besser als wir Journalisten selbst. Lediglich diese Kolumne, einer der letzten lügenfreien Räume, hat nur ein Ziel: Die Wahrheit und nichts als die Wahrheit! Entfesseltes Enttabuisieren! Immerzu irritierend investigativ! Herzlos wie immer enthüllen wir ein weiteres Tabu: Wie ist es nur möglich, daß erwachsene Männer in Bayern-München-Bettwäsche schlafen?

Hundert Millionen Mark geben die deutschen Fußballfans jährlich aus, um ihren Lieblingen die ungeteilte Zuneigung in Bayer-Leverkusen-Schnürsenkeln und Werder-Bremen-Badelatschen auszudrücken. Wenn man an die legendäre männliche

Knickrigkeit denkt, gibt einem das natürlich zu denken. Bei jedem Restaurantbesuch fallen die Männer in Ohnmacht, wenn sie die Frauen einladen sollen und die Rechnung höher ist als 20 Mark, aber für Plastikleibchen mit Nummern drauf geben sie ganze Monatsgehälter aus. Man kann es vielleicht noch hinnehmen, daß Männer in Werder-Bremen-Vereinsbademänteln Kaffee kochen, denselbigen aus einer HSV-Tasse schlürfen, um dann schließlich, mit einer Eintracht-Frankfurt-Krawatte um den Hals und einem Dynamo-Dresden-Regenschirm über dem Kopf, das Haus zu verlassen, nicht ohne einen letzten gerührten Blick auf die Borussia-Dortmund-Gartenzwerge zwischen den Balkonblumen zu werfen. Es wäre auch nicht der Rede wert gewesen, wenn sich Männer damit begnügt hätten, sich schwarz-rot-goldene »Deutscher Fußballbund«-Kappen aufzusetzen, um sich schließlich auf dem Weg zum Stadion mit Werder-Bremen-Deko-Schals aus Hundert Prozent Polyacryl zu strangulieren. Niemand hätte sich echauffiert, wenn die Männer himmelblaue 1860-München-Sofakissen nach Hause gebracht hätten, um ihnen per Handkantenschlag einen ordentlichen Kniff beizubringen und dabei »Einmal Löwe, immer Löwe« zu brüllen. Keine Frau hätte mit der Wimper gezuckt, wenn die Männer beim *blind date* mit einem Kondom in Vereinsfarben von Eintracht Frankfurt überrascht hätten. Aber das mit der Bayern-München-Bettwäsche ist zuviel. Exotik deutscher Schlafzimmer: Abseitsfalle unter einem kiloschweren Bayern-München-Plumeau. Da bleibt nur eins: Die Augen schließen und an Klinsmann denken!

Für den intelligenten, umweltbewußten Mann ergeben sich dennoch bei den Fußball-Devotionalien zwei Probleme. Erstens: Werder-Bremen-Badelatschen haben etwas entschieden Debiles an sich. Zweitens: Sie sind nicht biologisch abbaubar. Aber auch dieses Problem ist auf dem besten Weg zur Lösung: In der Umweltfrage hat der SC Freiburg (der erste wiederverwertbare Fußballclub der Bundesliga) natürlich die Nase vorn: Er bietet umweltgerechte Fanartikel per Katalog. Der biologisch-abbaubare Fan. Ein naturbelassener SC-Freiburg-Fan kann dank SC-Freiburg-Mütze aus ungefärbter Schafwolle sowie handgepflückten, pflanzengefärbten Jute-Shorts und handgesponnenem SC-Freiburg-T-Shirt im Nu zum Borussia Dortmund-Fan recycelt werden! Es bleiben keinerlei Rückstände.

Und jetzt zur Debilität. Dem heikelsten Aspekt. Ein Mann kann in Harvard Anthropologie studiert haben – kaum hampelt er in einem FC-Kaiserslautern-T-Shirt mit einem BVB-Wimpel in der Hand rum, sinkt sein IQ augenblicklich auf Minusgrade.

Es soll Männer geben, die das stört. Ihnen will ein Londoner Hersteller helfen: »Philosophy Football« hat eine Serie von Trikots hergestellt, »die mit Hilfe von klugen Gedanken prominenter Liebhaber des Sports die Werte eines fußballerischen Daseins verdeutlichen sollen.« So wurde ein Trikot mit einem Albert-Camus-Spruch verziert: »Alles, was ich über Moral und Verpflichtungen weiß, verdanke ich dem Fußball.«

Die Idee ist nicht schlecht. Trüge ein BVB-Fan den André-Gide-Ausspruch »Der Satz ist der Auswuchs der Idee« auf der Brust, dann könnte man ihm in der U-Bahn begegnen, auch ohne sich sofort übergeben zu müssen. Denkbar wäre auch Kurt Tucholsky auf Thomas Helmers Brust: »Es ist schön, mit jemand schweigen zu können.« Klinsmanns Fans tendierten vielleicht doch eher zu Sartre: »Die Hölle, das sind die anderen«, wogegen Maddäus-Fans auf Doderer-Zitate schwören: »Reif ist, wer auf sich selbst nicht mehr hereinfällt.«

Alles – nur keine Bayern-München-Bettwäsche!

Irgendwo im Internet

Der moderne Mann. Sitzt irgendwo in Arizona, ignoriert das wilde Spiel der Wüstenspringmäuse und schaut statt dessen per Internet in das Goethe-Festival von Weimar rein. Hockt gelangweilt auf dem Mount Everest und kann es nicht abwarten, sich endlich per Mouseklick eine unverzichtbare Meinung zu den Kurzfilmen des venezianischen Filmfestivals zu bilden. Lungert auf Bora-Bora herum, würdigt die Hula-Hula-Mädchen keines Blickes, sondern wartet darauf, daß sich auf dem Schirm endlich die Homepage vom Dalai Lama aufbaut – zwecks Einsicht in die Tibet-Resolution des Deutschen Bundestags. So ungefähr möchte er gesehen werden, der Mann im Internet: Vernetzt bis an die Haarspitzen, schnüffelt er Daten wie andere Uhu. Global, digital, multidimensional.

Das ist das eine. Das andere ist die Realität, und die ist bitter. Wie schon Lessing bemerkte: Es wimmelt von Leuten, die alles, was sie nicht verstehen, für erhaben halten. So geht es auch den Männern. Selig lächelnd sitzen sie vor ihren Bildschirmen, ganz Opfer ihrer eigenen insiderhaften Blödigkeit, und sind beglückt, wenn sie es schaffen, die erhabene Homepage der Deutschen Bank zu öffnen, die ihnen beim nächsten Mouseklick erklärt, daß man bei ihr ein Konto eröffnen kann. Sie erfreuen sich des Anblicks der digitalisierten Werbeprospekte von Siemens und halten den Zugang zum Berliner Kinoprogramm von der Vorwoche bereits für Herrschaftswissen. Männer sind genügsam, das ist ja bekannt. Für sie wird alles sublim, wenn es denn nur digitalisiert ist. Die Tabelle der neuen Autoversicherungstarife, der Füllstand der Kaffeemaschine des historischen Instituts von Cambridge und Bild online.

Neunzig Prozent der Internet-Benutzer sind Männer. Das allein sollte einen stutzig machen. Eine Einrichtung, die fast ausschließlich von Männern genutzt wird, kann nicht intelligent sein. Das beginnt mit der Verheißung des Internet, daß jede Information jedem zu jeder Zeit bereitstehe. Tatsache aber ist, daß 95 Prozent aller Internet-Informationen überflüssig sind. Großzügig gerechnet. Mist, den keiner wissen will. Müll. Jeder kann eine Homepage eröffnen, der eine filmt sein Badezimmer, der andere teilt mit, wie das Essen in der Mensa war, der dritte läßt das Internet an der Regelmäßigkeit seines Stuhlgangs teilhaben. Der Papst grüßt aus Castelgandolfo mit digitalisierten Marienbildchen. Und dann erst die Chat-Runden: die moderne Form des Amateurfunkens. Männer, die sich nichts zu erzählen haben, reden ohne Thema, ohne Sinn und ohne Verstand: Wie ist denn das Wetter in San Francisco? Gut? Ja, hier regnet es.

Für Fortgeschrittene gibt es noch die übergeordnete Ebene: Reden mit Thema. Sozusagen Reden unter erschwerten Bedingungen. Deshalb heißt das Ganze dann auch gleich Konferenz. Da werden heiße Eisen wie der neue Fax-Dienst aufgegriffen oder warum der Vogts erst nicht und dann doch den Bierhoff aufgestellt hat. Das ganze Stammtischgeschwätz bleibt meist gnädigerweise verstümmelt, denn nicht jedem erschließt sich die Handhabung einer Tastatur auf den ersten Blick. Und weil das Internet infantil macht, darf auch die Geheimsprache nicht fehlen: cu heißt see you. Duhulefu bisistlefist dofoflefof!

Vor der Erhabenheit dieser Informationsfülle flüchten die meisten Männer in den Schoß der Babes, ihrer einzigen Gewißheit in der virtuellen Welt. Das ist im übrigen auch ein erschütternder Aspekt der ganzen Internet-Sache. Denn der wahre Grund für die Entstehung des Internet ist, daß nur die wenigsten Männer den Mut haben, in den nächsten Videoshop zu gehen und erhobenen Hauptes und mit fester Stimme für sieben Mark einen Pornofilm auszuleihen. Das Internet ermöglicht ihnen, verdruckst und mit roten Ohren hinter den Schreibtischen zu sitzen, drei Stunden geduldig auf den Bildaufbau einer grobgerasterten Vollbusigen zu warten und währenddessen so zu tun, als recherchierten sie den Umrechnungskurs für einen ECU. Das ganze nennt sich dann Cybersex. Der erotische Internet-Kick ist vergleichbar mit der Spannung, die entsteht, wenn man sich mit einer beschlagenen Lesebrille vor einen Fernseher mit Bild- und Tonstörungen setzt, in dem gerade ein Billig-Porno läuft.

Die wirklich beunruhigende Nachricht aber zum Schluß: Der Stumpfsinn des Internet wird nur noch dadurch übertroffen, daß es bereits erste Abhängige gibt. Der New Yorker Psychiater Ivan K. Goldberg hat auch schon einen Namen für das Syndrom gefunden: »Internet Addiction Disorder«, kurz IAD. Und die Psychologin Kimberly Young von der Universität Pittsburgh bietet für den Netaholic bereits Soforthilfe an (http://www.pitt.edu/ksyl/). Nichts gegen eine anständige Sucht! Sex, Koks, Rock'n'Roll. Aber vom Internet abhängig zu sein, ist wie eine Sucht nach Wurfprospekten des Mediamarkts. Nun ja. Sind eben alle ein bißchen Bluna.

Auch Männer brauchen Träume

»So klein das Y-Chromosom auch ist, es steckt noch voller Rätsel«, sagte der Humangenetiker und lächelte versonnen hinter seiner Pipette. Wie wahr! können wir da nur ausrufen. Endlich hat hier einer den Mut, den Tatsachen ins Auge zu schauen. Woraus besteht denn schließlich der Mann? Aus 99 Prozent Wasser. Der Rest sind Rätsel. Mysterien beim Mittagessen, Unfaßbarkeiten im Bett. Rätsel, Rätsel, Rätsel allüberall! Männer putzen sich auf enigmatische Weise die Zähne, der Verkehr wird von schleierhaften Polizisten ins Unergründliche geregelt, und im Büro orakelt der Kollege so undurchschaubar, daß es Delphis Pythia ganz blümerant geworden wäre. Der Mann und seine Mysterien. Ein weites Feld.

Zu den minderwertigen Rätseln, den eher einfach zu durchschauenden, gehören Fragen wie »Warum geht ein Mann meilenweit für eine Camel?« – »Weil er den Weg zum nächsten Zigarettenautomaten nicht findet.« Aber wir wollen die Männer nicht wieder in gewohnt einseitiger Manier unterschätzen. Männer liefern auch schwer zu durchschauende, richtige Hochwert-Rätsel, die nicht mit einem mickrigen Satz zu erklären sind. Zum Beispiel das: Wie erklärt sich der Hang des Mannes zum Superman? Doch, doch, ganz genau. Genau der Superman. Jener Helfer der Witwen und Waisen, der Held der Unterdrückten, der in blau-gelb-roter Strampelhose unermüdlich die Welt rettet. Urahne von Terminator 1 bis 3, eng verwandt mit Batman, seinem Bruder im Geiste, dem Rächer mit Hang zu Gummifetischismus und Fledermausohren.

Jetzt könnte man sagen: Welcher Mann träumt nicht davon, wie Superman und Batman zu sein? Daherzusurren in Cape und Ganzkörperkondom, der eine mit außerirdischen Kräften, der andere mit dem Enterhaken, anstatt in fliederfarbener Jogginghose im Ford Escort irgendwo bei Essen im Stau steckenzubleiben? Durch die Gegend zu zischen wie ein bengalisches Feuer, anstatt verkehrsberuhigt über Bodenschwellen zu hoppeln? Dabei immerzu Sätze wie »Gewalt ist der Preis, den wir alle für ein höheres Ziel entrichten müssen« auf den Lippen? Den Chef der Rentendepotabteilung mit den Worten »Dieses Monster gefährdet über fünfundzwanzig

Millionen Menschen« in grüner Lauge aufzulösen? Politessen, die gerade ein Strafmandat hinter den Scheibenwischer stecken wollen, mit dem Hitzeblick so einzuschmelzen, daß von ihrem Schutenhut nur noch ein paar dunkelblaue Flecken bleiben? Endlich den Panda-Kriecher auf der Autobahn mit der Laserkanone wegzuputzen? Nie altern über dem glatten Vierkantkinn und der Schmalzlocke? Nie mehr rasieren und nie resignieren, ich meine, welcher Mann will das nicht?

So weit kann man das verstehen. Aber wenn man die Augen zusammenkneift und ganz genau hinsieht, dann bleibt da nicht viel, außer Röntgenblick und kräftige Wadenmuskulatur. Wer von früh bis spät Gutes tut und ständig darüber redet, hat nicht viel zu bieten außer einem wahnhaften Gerechtigkeitssinn. Genauer gesagt: Der Gutmensch hat soviel Sexappeal wie ein Trockenstrauß. Nix im Kopf als eine Weltkarte. Vor lauter Durch-die-Gegend-Kreiseln kommt Superman gar nicht auf die Idee, daß da zwischen Männern und Frauen vielleicht eine andere Verbindung bestehen könnte als zwischen Männern und Zwergkaninchen. (Obwohl. Man weiß ja nie. Am Ende steht Superman ja insgeheim auf Zwergkaninchen?) Kein Sex, keine Drugs, und von Bildung ist auch keine Rede, so daß mit dieser Knalltüte nicht mal eine Unterhaltung über französische Surrealisten denkbar ist.

So verkniffen ist der Gute, daß er fünfzig Jahre Überwindung braucht, um seine Freundin Lois Lane zum erstenmal zu küssen. (Ohne Zunge.) Und bei Batman sieht es auch nicht besser aus. Irgendwann mal haben ihm die Zeichner zwar Catwoman, eine Scheinfreundin, an die Seite gestellt, damit er durch seine Beziehung zu dem knabenhaften Robin, Batmans angeblichem Mündel, nicht zu sehr kompromittiert wird. Und guckt man sich die anderen Idole an, sieht es um deren Geschlechtstrieb auch nicht besser aus: Tim und Struppi, Asterix und Obelix, Rambo und Terminator, und alle vermehren sich wie die Zuckerschoten durch ungeschlechtliche Teilung. Und das sollen Helden sein?

Das gibt einem natürlich zu denken. Bislang glaubten wir immer nur an eine Gewißheit: Für Sex tut der Mann alles. Kisten schleppen, ins Kino gehen und einen Film sehen, in dem keine Verfolgungsjagd vorkommt, auf die Squash-Verabredung mit dem Freund verzichten. Das kann auf Dauer natürlich zur Belastung werden. Wir haben Verständnis dafür, daß sich Männer danach sehnen, endlich von dieser Geißel befreit zu werden. Insgeheim träumen sie von nichts anderem, als sich in

Moral zu sonnen und von Zeit zu Zeit einen Berg Bügelwäsche wegzuschaffen. Endlich ein ungestörtes Leben als Sporentierchen! Tja. Wunschdenken. Es sei ihnen gegönnt. Auch Männer brauchen Träume.

Helden auf Harleys

Welcher Mann kennt das nicht: Er rackert im Dunkeln. Wenn er aufmuckt, wird er bestraft. Er verbringt sein Leben praktisch ohne Sonnenlicht. Schon jung wird er für niedere Aufgaben abgerichtet: Die Wohnhöhlen putzen (vor allem die Toilettenecken) und die Gänge von Geröll freihalten. Wenn er alt genug ist, kommt er in die Baukolonne. Von Zeit zu Zeit muß er sich todesmutig Schlangen entgegenwerfen, die gelegentlich in die Stollen eindringen. Wenn er Glück hat, wird er von einer Königin als Gemahl ausgewählt. Einerseits ist er dann zwar von den anstrengenden Wühlarbeiten entbunden, andererseits baut er körperlich rapide ab, sobald er sich sexuell betätigt. Alle anderen müssen weiterwühlen, nicht freiwillig selbstverständlich, sondern angetrieben von der harten Hand der Königin. Wer nicht fleißig wühlt, wird angefaucht, herumgeschubst, gebissen. Die Rede ist vom Nacktmull. Der Nacktmull lebt ein freudloses Dasein im Savannenboden Ostafrikas und sieht mit seiner rosaroten Schrumpelhaut aus wie ein Penis auf Beinen. Das haben aufmerksame südafrikanische Biologen festgestellt. Sein Aussehen ist nicht das einzige, was der Mann mit ihm gemein hat. Meist geschieht es um die Lebensmitte herum, daß der Mann gegen sein Nacktmull-Dasein rebelliert. Immer nur rackern im Dunkeln! Nie mal aufmucken können! Das ist der Augenblick, in dem er sich ein Motorrad kauft. Dieses Motorrad ist ein Aufschrei: Laßt mich raus – an das Licht, an die Sonne! Ein Schrei nach Freiheit. Weg vom Wühlen im Tunnellabyrinth der Rechtsabteilung! Schluß mit der Suche nach Knollen und Wurzeln bei der Vertretertagung!

Er kauft sich also ein Motorrad, irgendwas zwischen rollendem Sofa und Steppenesel. Die Königin faucht zwar herum, etwa: »Was soll denn der Scheiß, am Ende steht es wieder rum, genau wie dein Strandroller, den du ja auch unbedingt haben mußtest!« Oder: »Wofür brauchst du denn ein Motorrad, du hast doch schon Mühe, vom Sofa hochzukommen!«, aber da hört er schon gar nicht mehr hin, sondern meldet sich zu ein paar Fahrstunden an. Denn es ist ja ein paar Jährchen her, daß er den Motorradführerschein gemacht hat, zu einer Zeit, als sein Bauch noch flach und der Verkehr übersichtlich war. Es macht ihm am Anfang etwas Mühe, das Bein zu heben, um in den Sitz zu kommen, aber mit ein bißchen Übung kriegt er auch das hin.

Schließlich kommt der Tag, an dem der Mann zum erstenmal seinen Aktenkoffer auf die Harley schnallen und ins Büro surren kann wie Batman persönlich. Jetzt zahlt sich endlich aus, daß ihm keine Haare mehr im Weg sind, denn so ein Helm kann die beste Frisur zunichte machen. Er surrt also ins Büro, vorbei an all den Nacktmullen, die in ihren Audis und BMWs daherkriechen. Wenn er schließlich, mit dem Helm unter dem Arm, die Gänge des savannischen Tunnelsystems abschreitet, stellt er fest, daß er plötzlich ein ganz anderer geworden ist. Irgendwie – ja, wie soll man es ausdrücken – lässiger. Er riecht nicht mehr nach Stau am Mittleren Ring, sondern nach James Dean und Peter Fonda und Highway no. 1, und hofft, daß die Sekretärin, die aussieht wie ein Pamela-Anderson-Klon, das auch riechen kann. Falls nicht, stellt er seinen Helm erst mal kurz auf ihrem Schreibtisch ab.

Überhaupt dieser Helm. Mit so einem Helm auf dem Kopf läßt es sich plötzlich doch viel besser graben. Her mit den harten Erdbrocken! Er läßt den Helm überhaupt nicht mehr los, er nimmt ihn mit in die Konferenz, Kollegen treffen ihn auf der Toilette, wo er versucht, mit heruntergeklapptem Visier zu pinkeln, in der Kantine wird der motorradfahrende Mann hysterisch, wenn man ihm nicht einen Stuhl für seinen Helm freihält. Es gibt Männer, die setzen den Helm gar nicht mehr ab, was das Telefonieren mit ihnen mühsam macht. Zwischendurch beeindrucken sie ihre Kollegen in der Arbeitsbrigade mit verächtlichen Beobachtungen über die harte Fahrwerksabstimmung der MuZ Kobra: »Die springt wie ein Ziegenbock.«

In der Mittagspause fährt der Mann den Pamela-Anderson-Klon um den Block, und das Wochenende verbringt er mit Spritztouren in die Lüneburger Heide. So einen Rebell kann natürlich nichts mehr aufhalten. Er zieht sich Cowboy-Stiefel an und telefoniert, indem er die Beine auf den Schreibtisch legt. Manchmal wagt er es sogar, die Königin anzufauchen, eine Verhaltensweise, die für einen Nacktmull völlig undenkbar wäre. »Ich habe keine Lust mehr, deine Brut zu beaufsichtigen«, sagt er beispielsweise, doch bevor sie ihn beißen kann, sitzt er schon wieder auf seinem Motorrad und surrt davon.

Letztlich ist es also das Motorrad, das den Mann vom Nacktmull unterscheidet. Oder schon mal einen Nacktmull auf dem Motorrad gesehen?

Wenn Männer zu viel Wein kennen

Männer neigen zu Extremen, das ist bekannt. Entweder Bungee-Jumper oder Coach-Potato. Entweder streben sie eine Seelenverwandtschaft mit Wolfram Siebeck an (»Die Zugehörigkeit zur Hühnerfamilie legt es nahe, ein Perlhuhn als Frikassee zu schmoren«), oder sie können Grünkohl nicht von Ananas unterscheiden. Dazwischen gibt es nix. Entweder Fisch oder Fleisch. Genauso ist es mit dem Weintrinken. Entweder Flens oder *Lacrimae Christi*. Jeder normale Mensch schafft es, Wein zu genießen, ohne dabei den Verstand zu verlieren.

Männer nicht.

Kaum hat der Kellner einen Fingerhut voll Wein eingeschenkt, fühlen sich Männer gefordert. Ihre Augen treten etwas hervor, sie fangen an zu schwitzen, und es geht los: Mit aufgeblasenen Backen wird von einer Seite zur anderen gerollt und gegurgelt, als hätte man nicht einen *Château Chinon*, sondern Odol im Mund. Anschließend wird auf dem Wein wie auf einem alten Stück Dachpappe herumgekaut, und ganz Eifrige haben in »Wein für Einsteiger« gelesen, daß »das Ansaugen von Luft durch die spaltbreitgeöffneten Lippen« für die Aromaentfaltung hilfreich sei, wobei der Wein oft auf die Krawatte ... Aber lassen wir das.

Während der Mann also gurgelt und kaut und rollt, schwenkt er das Weinglas hin und her, hält es vor das Licht und starrt es so an, daß man glaubt, er wird von Calgonit für das Aufspüren von Kalkschlieren bezahlt. Jetzt muß man aufpassen. Kenner spucken einem nämlich in diesem Augenblick oft vor die Füße, aber das sollte man nicht persönlich nehmen. Streber nehmen noch einen zweiten Schluck, und die ganze Prozedur beginnt noch mal von vorn. Bis sie endlich zu einem Urteil kommen (Etwa: »Hm, hm« oder »Undurchsichtiges Lakritz, aber zur mittleren Dichte hin skelettartig amorph«), kann der Abend lang werden. Man kann sich das Warten verkürzen, indem man in der Zwischenzeit den gutaussehenden, allein essenden Herrn vom Nebentisch vergewaltigt oder mit dem Kellner eine Runde Mau-Mau spielt.

Natürlich war das nicht immer so. Genaugenommen ist der Wein dem Manne schnurz, und in unbeobachteten Augenblicken trinkt er immer noch am liebsten eine Dose Becks. Aber mit der

Proll-Nummer, das hat inzwischen jeder außer Mickey Rourke begriffen, läßt sich heutzutage keine Frau mehr beeindrucken. »Du mußt die Dose mit dem Zippel zu dir hin aufziehen«, kann ein Biertrinker lallen, was nichts ist im Vergleich zu »Vergiß nie, daß ein *Barrique* immer etwas nervös ist!« Männer leben dafür, Frauen zu belehren, das ist als Existenzberechtigung zwar etwas jämmerlich, aber was will man machen. Tanzende Männer wollen immerzu führen, kochende Männer wollen die Küche mit Feigen im Palatschinkenhemd revolutionieren, und weintrinkende Männer wollen über das Dekantieren dozieren. Des Mannes Wille ist ein Himmelreich.

Der Weg dorthin ist allerdings lang und dornig. Zunächst muß der Mann sich in die Materie einlesen, was einigermaßen schwierig ist, weil er dabei seinen inneren Widerstand gegen das gedruckte Wort überwinden muß. Hat er das geschafft, ist kein Halten mehr: Der Kleine Johnson und der Große Johnson sind bei jedem Pizza-Essen dabei, schon nach wenigen Monaten gelingt es ihm blind, einen *Pinot grigio* von einem *Chianti* zu unterscheiden. Dann werden die Nutella-und Senfgläser weggeschmissen und Riedl-Gläser gekauft, die man nur einmal kurz anbrüllen muß, damit sie zerspringen, und es folgen die Monate des Kampftrinkens. Wie im richtigen Leben gilt auch hier: Nur die Stärksten kommen durch. Ob Bernkasteler Doktor zum Frühstück, Wawerner Ritterpfad zu Mittag oder Winkeler Hasensprung am Abend, ob Mosel-Saar-Ruwer oder *Côtes du Rhône* – selbst Anbaugebiete von der Größe einer Bademattte werden gurgelnd und spuckend getestet, nicht daß da jemand glaubt, ihn mit einem 89er *Arbois Pupillin* oder 90er *Côte Moncul* übers Ohr hauen zu können! Bei der kniffligen Aussprache der französischen Weine (»Spricht man beim *Chambol Mussigny* das ›gn‹ wie ›g‹ oder wie ›n‹ aus?«) werden muttersprachliche Spezialisten zu Rate gezogen, daran soll es schließlich nicht scheitern.

Die dritte und letzte Etappe in der Entwicklung zum Weinkenner ist die der Einrichtung eines eigenen Weinkellers. Jetzt ist es auch nicht mehr weit bis zum Golfspielen und zur Hausmusik. Der Mann des gepflegten Lebensstils genügt sich selbst. Tagelang kann er sich stillvergnügt damit beschäftigen, eine 300 Jahre alte Flasche Portwein mit einer glühenden Zange so zu öffnen, daß der Korken nicht bröselt. Wird er angesprochen, gibt er immerzu die gleichen Sätze von sich, nämlich »Rot folgt auf Weiß!« oder »Trocken kommt vor Süß!« oder »Alt folgt auf Jung!«, auch wenn man ihn gefragt hat, wieviel Uhr es ist. Wenn man dann aber lacht, kann er richtig böse werden. Am wohlsten fühlt er sich in Gesellschaft von Gleichgesinnten. Bei der *Barrique*-Problematik und der Dekantier-Diskussion blüht er richtig auf. Wenn man also dafür sorgt, daß diese Weinverkostungen in der Art von Kindergeburtstagen regelmäßig veranstaltet werden, kann man an so einem Mann noch lange Freude haben.

Immer mit dem Strom

Der Mann, das angepaßte Wesen. Woran erkennt man den Pädagogikstudenten? Daran, daß er sich schon vor dem Studium ein Palästinensertuch kauft. Den Germanistikstudenten? Läßt sich bereits in der Mittelstufe ein Ziegenbärtchen wachsen. Den Informatikstudenten? Am Hosenboden, der ebenso traurig herunterhängt wie seine Schultern. Den Maschinenbaustudenten verrät ein kariertes Flanellhemd und die Abwesenheit metaphysischer Ängste. Letzteres hat er gemein mit dem Sportstudenten. Den erkennt man an den nassen Haaren, weil er es nie schafft, sich noch die Haare zu fönen, und am Reebokschen Pack- und Wandertrieb. Außerdem macht er seine Kommilitonen mit seinem einwandfreien Gebiß und Trizeps-Trillern neidisch.

Der Physikstudent dagegen sieht immer zerknittert und übernächtigt aus, weil er die Nächte inmitten seiner Apparaturen verbringen muß. Der Jurastudent? Trägt einen Lodenmantel mit Kellerfalten und den Schönfelder wie einen Dackel vor sich her. Seine Freundin hat ihm für das umfangreiche Werk eine Henkeltasche genäht. Seit der Verwesterwellisierung des deutschen Jura-Studenten wurde darüber hinaus die Armani-Brille unverzichtbar. Unter den BWL-Studenten gibt es auch viele Lodenmäntel, aber inzwischen setzt sich auch ein gewisser Sonnenstudiobesitzerstil verbunden mit Kai-Pflaume-Charme durch: lachsfarbene Sakkos, Deko-Krawatten und ein festgespraytes Lächeln.

Der Geographiestudent trägt vom Grundstudium bis zur Magisterarbeit ein einziges Kleidungsstück, das ist ein grüner Parka, mit dem er bei jedem Wetter Findlinge im Odenwald angucken kann. Heidelberger Psychologiestudenten tragen krumpelige Wildlederjacken, die an den Ärmeln zu kurz sind, und hartnäckige Akne. Beides werden sie auch mit 35 noch nicht los, weil sie immer noch darauf beharren, sowohl die Pickel als auch die Jacke nur mit homöopathischen Mitteln zu behandeln.

Ausnahmen gibt es nicht. Konformität selbst in der Rebellion. Ein Psychologiestudent im Lachs-Sakko mit Kellerfalte ist ebenso undenkbar wie ein ziegenbärtiger, palästinenserbetuchter BWL-Student. Es gibt auch keine Physikstudenten mit getrillerten Trizepsen.

Jetzt fragt man sich natürlich: Warum? Woher

kommt dieses unbremsbare Verlangen des Mannes, mit seiner Umgebung eins zu werden? Die Wandlungsfähigkeit des Mannes ist schier grenzenlos, berichten Wissenschaftler. Wird ein Mann im Baucenter vergessen, ist die Wahrscheinlichkeit, daß er sich über Nacht in eine Holzlatte verwandelt, ziemlich groß. Es wird von Mantafahrern berichtet, die im täglichen Kontakt mit ihrem Gefährt zum Heckspoiler erstarrt sind. Es gibt Männer, deren Spuren sich an irgendeinem Mittelmeerstrand verloren. Zu vermuten ist, daß sie zum Liegestuhl wurden. Manche Männer schießen in ihrem Willen zur Anpassung sogar über das Ziel hinaus: Es reicht, daß man in ihrer Gegenwart eine Träne vergießt, und sie verwandeln sich in Margarete Schreinemakers. Daran ist der geschlechtsspezifische Übereifer schuld. Diese im Grunde erstaunliche Anpassungsfähigkeit perfektionieren die Männer später im Berufsleben. Ist in den Unternehmensberater-Etagen die Tonsur angesagt – kein Mann kommt mehr ohne sie aus. Stolziert der Chef mit Stöckelschuhen ins Büro, werden Stilettos für seine Angestellten unverzichtbar.

Diese Mimikry ist das eine. Daneben ist das »So-tun-als-ob« die andere soziale Fertigkeit, die Männer bereits als Studenten erwerben und im späteren Leben zur Meisterschaft bringen. Denn konzentriert man sich auf die Leistung an sich, dann sieht es bei den Männern eher kümmerlich aus. Studienzeiten von 20 Jahren sind da keine Ausnahme. Viele machen erst kurz vor ihrem 40. Geburtstag Examen und gehen dann in den Vorruhestand, unterbrochen vom Vaterschaftsurlaub.

Das erklärt wiederum auch, warum Männer beim Studium am liebsten unter sich bleiben. Denn im Grunde finden auch Männer Elektrotechnik und Wirtschaftswissenschaften kreuzlangweilig. Aber immerhin können sie sicher sein, daß da wenige Frauen sind, die ihnen die Stimmung verderben, weil sie von schnellerer Auffassungsgabe sind. Was in gemischt-geschlechtlichen Arbeitsgruppen oft zu gewissen Spannungen führt. Die Treffen der Arbeitsgruppe zum Thema »Die Umlautung der Tonsilben im Mittelhochdeutschen« sehen so aus, daß die Männer meistens fehlen. Unterwegs zum Segeln am Dümmersee, Spargelessen im Elsaß oder zum Biken um den Gardasee. Je nach Jahreszeit. Ist das Wetter schlecht, kann man sie höchstens dazu gebrauchen, das Protokoll zu führen. Und sobald man sie unbeaufsichtigt läßt, gehen sie bei der Materialsuche in der Bibliothek verloren. Verwandeln sich in einen Karteikasten. Oder, wenn sie Glück haben, in eine frühneuhochdeutsche Grammatik.

Jagdinstinkt

Es gibt nichts, worauf sich Männer so oft berufen wie auf ihre Instinkte. Dabei handelt es sich um eine ausgesprochen armselige Angelegenheit, die sie lediglich dazu bringt, sich bei Fußballspielen um den Verstand zu grölen, im Boxring die Nase zu Brei schlagen zu lassen oder laue Sommerabende mit einer Grillparty zu verstänkern. Ihre archaischen Instinkte zwingen sie dazu, sich wie Lemminge von Fünftausendern zu stürzen und in der Antarktis die Zehen abfrieren zu lassen.

Der am häufigsten strapazierte Instinkt des Mannes ist der Jagdinstinkt. Jagd auf blühende Blondinen, ruhebedürftige Rackelhähne und harmlose Höckerschwäne, Jagd auf sanfte Schell- und sensible Schnatterenten, auf blinde Bläßhühner und wehmütige Waldschnepfen, Jagd auf alles, was nicht schnell genug auf die Bäume kommen konnte. Solch archaische Aktivitäten hält man in Zeiten von Cybersex kaum für möglich? Es ist bitter, aber wahr. Und man fragt sich: Gibt es auch für Männer Entwicklungsmöglichkeiten? Worin besteht der signifikante Unterschied zwischen dem Cro-Magnon-Mann und dem Cyber-Net-Mann? In den Calvin-Klein-Unterhosen?

Um sich grün anzuziehen, unverständlich daherzureden und im Wald herumzuspazieren, wäre Pilzesammeln ein völlig ausreichendes Motiv. Man muß deswegen nicht Feldhasen zerfetzen und die Umwelt mit 1500 Tonnen Bleischrot jährlich verpesten. Theodor Heuss betrachtete die Jagd als eine »Nebenform menschlicher Geisteskrankheit« – wenn's um die Instinkte geht, hilft kein gutes Zureden mehr. Betrachten wir diese Geisteskrankheit näher, fällt auf, daß sie mit allen anderen Auswucherungen der männlichen Psyche gemein hat, wie eine Geheimwissenschaft mit festen Regeln betrieben zu werden. Ein alter Trick. Der ist nötig, um den an sich banalen Gegenstand zu überhöhen und ihm eine Bedeutung zu verleihen: Es wird eine eigene Sprache erfunden (»Frettieren der Weidgerechtigkeit«), spezielle, ansonsten nutzlose Utensilien (Gamsbart und Hirschhornknopf) vorgeschrieben sowie eigene Regeln (»Der Abschuß von Wollnashörnern ist nur außerhalb der Schonzeit jeden zweiten Mittwoch von September bis Januar erlaubt«) verordnet. Auf diese Art kann man Männern jede geistlose Tätigkeit schmackhaft machen: Modelleisenbahnen horten, Panzerfahren, Angeln. Gäbe es für Tretrollerfahren eine eigene Sprache (»Rollmantel« für Reifen), eigene Regeln (»Das Überfahren von Rauhhaardackeln außerhalb der Schonzeit gilt unter Tretrollerfahrern als ehrenrührig«) und spezielle Tretrollerfahrerutensilien (die Schildpatt-Dreiklanghupe) – es gäbe keinen Mann, der nicht längst Mitglied eines Tretrollerfahrerclubs geworden wäre.

Zurück zu den Jägern. Daß es sich dabei in den meisten Fällen um alte, übergewichtige Männer mit Tendenz zu Bluthochdruck handelt, macht die Sache nicht appetitlicher. Man muß nur ein paar Namen nennen: Hermann Göring, Erich Mielke, Franz Josef Strauß. Das sagt doch schon alles. Alles häßliche alte Männer und begeisterte Jäger. Sowjetische Politbüromitglieder gingen auf die Jagd, thüringische Landtagsabgeordnete, Hamburger Senatsmitglieder. Boris Jelzin schafft es zwar nicht mehr, eine freie Rede von mehr als drei Worten zu halten, dafür aber erlegte er unlängst vierzig Enten und ein Wildschwein. Wahrscheinlich hat man die Enten für Boris vorher heimlich narkotisiert und das todgeweihte Wildschweinchen mit Wodka besoffen gemacht. Hoffentlich hatten alle einen barmherzig schnellen Tod.

Daß sich Männer ausgerechnet in dem fatalen Alter aufs Jagen kaprizieren, wo die Augen trüb, die Bewegungen fahrig, die Sprache undeutlich und die Potenz auf viagrischem Wege erlangt wird, gibt zu denken. Genausogut könnte sich ein Einarmiger auf Handstand kaprizieren. Womit wir endlich beim Thema wären. Es geht natürlich nur um das eine. Abschuß, abdrücken, Abschußquote. Daß Männer auch immer so banal sein müssen. Aber wenn sie in jenem berüchtigten Alter sind, das ihnen auf die Prostata drückt, gilt es zu kompensieren. Und selbst das klappt auch nicht immer: siebzehn Fehlschüsse, um eine einzige unbewaffnete Waldschnepfe zur Strecke zu bringen! Mit der Kompensationswut erklärt sich auch, warum es die Jäger so auf den gemeinen Feldhasen abgesehen haben. Die letzte Hasenvolkszählung war so beunruhigend, daß der Hase gar auf die rote Liste der bedrohten Tierarten gesetzt werden mußte. Hasenozid!

Hinter der Hasenverfolgung durch potenzschwache Jäger verbirgt sich natürlich nichts anderes als reiner, ungefilterter Sexualneid. Der Hase kann nämlich immer.

Der furchtlose Adam

Ich meine: Gründe gibt es genug. Sportstars haben Angst vor dem Leben ohne Sport, Engländer vor dem Kanaltunnel, Franzosen vor deutschem Camembert. Man kann befürchten, daß einem beim Frische-Luft-Holen ein Spacelab auf den Kopf fällt, oder daß in dem überfüllten Eisenbahnabteil plötzlich eine TBC-Epidemie ausbricht und die Tür klemmt. Auch Angst vor Machtverlust ist verständlich. Etwa, wenn der Sparclubvorsitzende befürchten muß, vom stellvertretenden Kassenwart abgesägt zu werden. Ebenso ist ein unangenehmes Gefühl in der Magengegend sinnvoll, wenn man nachts einer dreizehnköpfigen Straßenbande gegenübersteht, der man partout nicht klarmachen kann, daß Völkerballspielen eine sozial sinnvollere Tätigkeit darstellt, als anderen Leuten Fahrradketten um den Hals zu legen. Eine Milliarde Chinesen können furchteinflößend sein, vor allem, wenn zu befürchten ist, daß sie eines Tages alle gleichzeitig auf den Boden spucken werden. Man kann ohne weiteres Angst vor dem Sterben haben, besonders, wenn man ein geselliger Mensch ist.

»Die Furcht des Herrn ist der Weisheit Anfang«, heißt es in der Bibel (Psalm 111,10). Das leuchtet ein, besonders wenn es sich um solide, handfeste Gründe handelt, von denen zu erwarten ist, daß sie sinnvolle Ängste erzeugen. Triebtäter in Tiefgaragen. Ungeheuer in Unterführungen. Frauen leisten sich ausschließlich solche 1a-Ängste. Keine Kinkerlitzchen.

Und die Männer? Die behaupten erst mal, daß sie Angst gar nicht kennen, was natürlich, siehe Psalm 111,10, ganz schön blöd ist. Man stelle sich die Enttäuschung des allmächtigen, gütigen Schöpfers vor, als Adam, der sprechende Lehmklumpen, daherplapperte, Angst sei ein Fremdwort für ihn. Peinlich! Keine Angst vor nix, der Depp. Wie jener Mann aus Arizona, der eine Feststoffrakete an seinen Chevrolet Impala band. Er wurde 450 Kilometer schnell und endete als Holzkohlestückchen in einem Krater von einem Meter Tiefe. Auch hat ein Mann keine Angst davor, trotz fünf Bypässen und halbem Lungenflügel weiterzurauchen. Oder davor, Haarnadelkurven mit 160 Stundenkilometern und 3,0 Promille zu nehmen. Da wurde es dem Herrn der Heerscharen ganz schwummrig in der

Brust. So konnte es nicht gehen. Eilig pappte er im Vorbeigehen noch ein bißchen Lehm auf Adams Hinterkopf, um ihn intelligenter zu machen und ihm wenigstens ein paar sinnvolle Ängste einzuflößen.

Viel genutzt hat es natürlich nicht. Klebengeblieben sind lediglich lächerliche Ängste der minderwertigen Art: Etwa die Scheu davor, im Restaurant einen Kellner mit fester Stimme herbeirufen zu müssen, um zu fragen, wo denn das Schnitzel bleibt. Oder die Paranoia, korkenden Wein wieder zurückgehen zu lassen. Es gibt auch Männer, die fühlen sich in Gegenwart von Spitzmäusen beklommen, was einigermaßen unverständlich ist. Man muß nur bedenken, daß die Maus gar keine Chancen hätte, wenn sich der Mann auf sie setzen würde. Andere Männer haben Angst vor Hunden: Kaum kreuzt ein Yorkshireterrier ihren Weg und wagt es, in ihre Richtung zu grüßen, so weigern sie sich zitternd, das Auto zu verlassen. Viele Männer haben Angst vor Schnupfen, weil sie das für eine Vorstufe zum Gehirntumor halten. Oder die Friseur-Phobie: Wenn ein Mann zum Friseur gehen muß, kriegt er schon vorher Schreikrämpfe. Versinkt er dann aber unter seinem Friseurmantel, ist er nicht mehr in der Lage, auch nur einen Satz, wie etwa »Nehmen Sie oben nicht so viel weg!«, herauszubringen, und läßt sich klaglos eine Erstkläßlerfrisur schneiden.

Weit verbreitet ist auch die Bangigkeit, plötzlich unvorbereitet mit fremden Menschen sprechen zu müssen. Kleine Jungs fremdeln ungleich mehr als kleine Mädchen. Das kann man bei Männern oft noch bis ins hohe Alter beobachten. Diese Angst schränkt die Mobilität des Mannes zwangsläufig ein, hält es sie doch davon ab, das Squashcenter sowie die Stammkneipe zu wechseln, nach siebzehn Jahren endlich umzuziehen oder nach zwanzig Jahren mal woanders den Urlaub zu verbringen als in Sankt Anton. Nebenbei erklärt diese Furcht auch, warum es einem Mann nie in den Sinn kommt, seine Frau zu verlassen, wenn er sich nicht schon mit einer anderen Frau langsam angefreundet hat, die ihm seine Fremdheits-Ängste bereits genommen hat.

Derart vorbereitet, können wir jetzt endlich auf den Kern kommen: Der Mann kann ohne Rituale nicht überleben. Sie wirken auf ihn angstminimierend. Aus der Haustür schreiten zu können, mit der Gewißheit, daß die Bäckerei seit siebzehn Jahren gegenüberliegt, nimmt ihm die Angst vor dem Tag. Das Ritual, in der Stammkneipe mit geschlossenen Augen rechts um die Ecke zu biegen, und dort das Klo vorzufinden, mindert seine Fremdelei.

Das Ritual, das Squashcenter stumm zu betreten und sicher zu sein mit »Schönen guten Abend, Heinz-Rudolf« begrüßt zu werden, dämpft Panikattacken. Haben Männer keine Rituale, brauchen sie Likör. Eine ganze Industrie lebt davon, ihnen die Ängste zu nehmen. Der kleine Feigling.

Salz auf seinem Fleisch

Männer bilden sich ja viel ein. Daß sie irgendwann auch mal darauf kommen würden, Gourmets sein zu wollen, ist tragisch, war aber abzusehen. Tragisch, weil sie über das Geschmacksempfinden einer Reisstrohmatte verfügen. Denn an dem Tag, als der liebe Gott die Geschmacksnerven verteilte, haben sie gerade gefehlt. Waren beim Steuernsparen oder bei der Rückengymnastik oder womit sich Männer eben so die Zeit vertreiben. Und was machte der liebe Gott mit der Wagenladung Geschmacksnerven? Er gab sie den Frauen, denn er konnte sie ja nicht einfach so in einen Graben kippen, schließlich waren das 1a-Geschmacksnerven. Mit denen schmeckte man ohne weiteres, ob gebackene Reisbällchen besser an kubanischem Strauchbasilikum oder doch vielleicht an blaublättrigem vietnamesischem Rüschenbasilikum zu liegen kommen sollten. Solche Geschmacksnerven will man ja nicht einfach umkommen lassen. Seither sind die Frauen mit der doppelten Ladung Geschmacksnerven geschlagen. Und die Männer? Die können Butter immer noch nicht von Margarine unterscheiden. Sie können nicht schmecken und riechen schon gar nicht, und wenn sie sich auf ihre Nase verlassen müßten, dann können sie einen Dachstuhlbrand nicht von dem Rauch einer Zigarette unterscheiden.

Solange von den Männern nicht mehr erwartet wurde, als still bei Tisch zu sitzen und auf den Nachtisch zu warten, fiel dieser Defekt nicht weiter auf. Nie wäre ein Mann auf die Idee gekommen, Speisen nach einem anderen Kriterium als ihrem Umfang zu beurteilen. Satt werden oder nicht satt werden, das war die Frage. Über Jahrzehnte verspeiste man vergnügt Tonnen von Grünkohl mit Bauchspeck. Steaks von der Größe eines Dampfbügeleisens. Bratkartoffelberge so groß wie der Westerwald. Bratkartoffeln mit Speck. Bratkartoffeln mit Spiegelei. Bratkartoffeln mit Rührei. Und keinen hat's gestört. Aber eines Tages kam der Kollege Nürnberger daher und behauptete kühn, er könne eine Auster von einem Schuhkarton unterscheiden. Und wenn nicht der blöde Nürnberger so gescheit von seiner geschmacklichen Erlebniswelt dahergeredet hätte (»Ich erkenne es ganz genau am Geschmack. Mit verbundenen Augen kann ich das unterscheiden. Wenn es irgendwie pappig schmeckt, so papiern, dann ist es auf keinen Fall eine *Fine de Claire*!«), hätte es immerfort so weitergehen können mit den Kochwürsten und dem Eintopf und dem Schweinsbraten. Verschämt schoben die ersten Männer die Spiegeleier an die Seite. Statt dessen kamen die Peking-Enten und die Involtini und Sushi und Maki auf die Teller, und die Drei-Sterne-Restaurants wurden zu Ausflugszielen, und jeder Mann sollte plötzlich eine Meinung haben! Eine Pizza zu beurteilen, das ging ja noch: Ist sie groß (gut)? Oder ist sie klein (schlecht)? Aber was sagt man zur lauwarmen Meerspinne? Wonach soll eine lauwarme Meerspinne schmecken? Soll sie überhaupt nach etwas schmecken? Gott sei Dank gab es Führer, die dem Mann den Weg wiesen. Gastronomiekritiker waren die ersten, die sich der verunsicherten Männer annahmen. Blindenhunde durch die Welt des Geschmacks. Führer und Sterne. Der Feinschmecker war geboren.

Frauen erkennen den Feinschmecker am Salzstreuer. Kaum sitzt er, umklammert er auch schon den Streuer, dessen Inhalt er gleichmäßig in die Miso-Suppe (»Also vom Würzen verstehen die Japaner ja nichts«) kippt oder über das Angus-Steak, den Magret de Canard oder die Baby-Seezunge. Selbstverständlich probiert er nicht, bevor er salzt.

Das Salz ist sein Herrschaftsinstrument. Sein Halt in einer Welt von Gesottenem und Frittiertem, Geseichtem und Abgeschäumtem. Da sollen sie ruhig kommen, die Fünf-Sterne-Köche und die feinen Zungen, aber übers Salz bestimme immer noch ich! Das lasse ich mir nicht nehmen! Und so salzt er sein Revier ab – irgendwo zwischen Zuckerschotenmedaillon und Kalbsbrustessenz. Nach dem Salz kommt der Pfeffer. Selbstverständlich nur aus der Mühle, doch, doch, das hat der Feinschmecker gelernt. »Exzellent, dieses Kalbfleisch!« sagt er schließlich zum Kellner. Denn am wichtigsten ist, das weiß er, nicht das Essen, nicht das Schmecken, sondern das Reden über Essen und Schmecken. »Wunderbar zart. Wirklich ganz herrlich zart. Selten so ein zartes Kalbfleisch gegessen! Mein Kompliment!«

»Leber«, antwortet der Kellner, »verzeihen Sie, aber es war Kalbsleber.«

Kann passieren. Wir wollen nicht kleinlich sein. Schließlich sind durch die ganze kulinarische Welt Fallstricke gespannt. Curry ist genauso gelb wie Safran. Salz sieht aus wie Zucker. Nein, nein, man muß das auch honorieren. Dafür, daß der Mann ganz und gar nichts schmeckt, hat er sich wacker geschlagen. Nur ab und zu, wenn es kalt ist draußen und in der Seele, dann tröstet er sich heimlich mit ein paar Bratkartoffeln. Mit Speck. Mit Spiegelei. Mit Rührei. Mit Speck und Spiegelei und Rührei. Und schweigt. Wie es so seine Art ist.

Männer, mir nach!

Männer können in ihrer Logik durchaus überraschend sein. Sie reden vorzugsweise in Axiomen (Sätze, die weder beweisbar sind, noch eines Beweises bedürfen. – Euklid): »Jeder Mann, der Jeep fährt, ist ein Vollidiot oder ein Sportstudiobesitzer.« Praktischerweise lassen sich aus dem Axiom endlos andere Sätze herleiten: »Ich fahre einen Jeep, weil ich den Platz brauche«, die wiederum auch keines Beweises bedürfen: »Ich bin ein Vollidiot, weil ich den Platz brauche«. Ein anderes Beispiel: »Jeder Mann, der seiner Frau sagt, daß er sie liebt, ist ein Schwächling« wird zu »Jeder Schwächling liebt seine Frau« wird zu »Frauen lieben nur Schwächlinge«. So weit zu den Axiomen und der männlichen Logik.

Wenn man also davon ausgeht, daß Männer immer genau das Gegenteil von dem meinen, was sie sagen, kommt man der Wahrheit einen entscheidenden Schritt näher. »Jeder Mann, der sich für

Kriegsspiele begeistert, ist wahnsinnig« wird zu »Nur Wahnsinnige begeistern sich für Kriegsspiele« wird zu »Jeder Mann ist wahnsinnig«. Wobei wir endlich beim Thema wären.

Kein Mann würde ernsthaft behaupten, daß er ein Militarist sei. Fast alle Männer schwören, Pazifisten zu sein und den Wehrdienst nur abgeleistet zu haben, weil der Vater sie sonst enterbt hätte und sie für den Zivildienst im Krankenhaus untauglich waren, weil sie kein Blut sehen können. Oder weil sie ein hinterhältiger Gewissensprüfer als Kriegsdienstverweigerer hat durchfallen lassen. »Und da hab ich mir gesagt: Na, dann gehst du eben zur Marine.«

Zum Beweis ihrer pazifistischen Grundhaltung fangen viele Männer irgendwann an, von ihrer traumatischen Bundeswehrzeit zu erzählen. Erst mit Tränen in den Augen. Wie das so war mit UFZ und STUFZ. Wie sie einmal vom HAUPTFELD erniedrigt wurden, weil sie nicht pünktlich zum Zapfenstreich um zehn wieder da waren. Wie es sich anhört, wenn 40 Männer schnarchen. Wie man sie mit tagelangem Reinigen von Gewehrläufen demütigte.

Wenn sie bilderreich geschildert haben, wie sie es schafften, die menschenentwürdigende Behandlung durch die Rednecks in der Grundausbildung zu überleben, gehen sie schließlich dazu über, kleine witzige Anekdötchen zum besten zu geben. Etwa, wie sie nach der Revierreinigung Meldung machen mußten. »Stube gereinigt, gelüftet und zur Abnahme bereit!« mußten sie brüllen, und der HAUPTFELD wischte mit dem Finger übers Regal, pustete den Finger ab und brüllte: »Sehen Sie mich noch?« Hahaha. Zum Kaputtlachen. Das ist die Stelle, wo die meisten Männer nicht mehr an sich halten können, sie können gar nicht genug von ihren Erinnerungen kriegen. Der Arzt von Stalingrad bricht sich Bahn. Begeisterung glänzt in den Augen. Wie sie einmal in Somalia ein Zelt aufgebaut haben. Und wie die Heringe verlorengingen. Wie einer in der Wüste um »Kleidungserleichterung« gebeten hat und sein Gesuch mit den Worten »Abgelehnt! Sonnenbrand!« beschieden wurde. Hahaha. War 'ne schöne Zeit. Und ewig klappert das Stahlgewitter.

Da kann man nur fragen: Haben Männer zwingend etwas Soldatisches in sich, oder sind Soldaten einfach nur Männlichkeitskonzentrate? Woher kommt es, daß Männer, die sich beim Squash die Nase spalten, trotz klaffender Wunde eine Stunde lang weiterspielen, um schließlich nichts anderes als »Das bringt einen Mann nicht um!« zu knorzen? Wie kommt es, daß sich fünf Männer treffen, um einen Rekord im Essiggurken-Wettessen aufzustellen? Wie erklärt sich das Bedürfnis des Mannes nach Kampftrinken? Man kann sich das fragen, man muß aber nicht. Es reicht, sich die Männer anzugucken.

Weil Militarismus heute nicht mehr zeitgemäß ist und nur noch zänkische alte Männer wie Lothar-Günther Buchheim mit Augenklappe und Kapitän-Nemo-Bart dasitzen und ihr Leben ungestraft mit tausendseitiger Soldatenseligkeit verbringen dürfen, sucht sich der Soldat im Mann Nischen. Als Manager führt er Schlachten, zu denen er als UFZ oder STUFZ vielleicht nie gekommen wäre. Durchbruchsschlachten. Kesselschlachten. Er stürmt Maggis Marketingabteilung. Er unterwirft die Buchhaltung nach kleinen Scharmützeln. Kampflos ergibt sich die Rechtsabteilung. Die Hierarchie ist klar. Der Ehrgeiz auch. Lieber gehorchen als diskutieren. Lieber anordnen als diskutieren. Zähne zusammenbeißen und durch.

Es steckt in ihnen drin. In allen Männern, auch wenn sie nicht gedient haben. Wer wegen Plattnase abgelehnt wurde oder wegen des Studiums an der Londoner School of Economics nicht zur Verfügung stand, kann später, so mit 49, die Grundausbildung nachholen. Survival-Training im Odenwald. Zwanzig Manager malen sich die Gesichter schwarz, essen Ameisen, robben durch Schlamm und werfen mit Farbbeuteln aufeinander. Wer getroffen wurde, ist tot.

Männer, mir nach!

Die Hoffnung auf Ewigkeit

Es gibt Männer, und es gibt Sammler, was im Grunde das gleiche ist. Jeder Mann sammelt. Jeder Sammler ist ein Mann. Männer sammeln venezianische Chroniken aus dem 15. und 16. Jahrhundert, sie dürsten nach Turnschuhen-aus-verschiedenen-Editionen, sie gieren danach, ihre Krawatten-aus-diversen-Ländern-Sammlung zu vervollständigen und lechzen nach Streichholzschachteln-aller-Nationen. Die einen sammeln Orchideensamen. Andere verzehren sich nach Bundeswehrhosen. Dritte drängt es bei Hotelseifen auf Vollständigkeit, Zuckerstückchen hingegen verschmähen sie. Fünfziger-Jahre-Radios, Espressomaschinen, Schrauben, Münzen, Bitte-nicht-stören-Schilder, Thonet-Stühle und Grabsprüche. Es gibt nichts, was zu blöd sein könnte, um nicht von einem Mann gesammelt zu werden.

Grundsätzlich gilt natürlich, zwischen dem gewöhnlichen und dem speziellen Sammler zu unterscheiden. Der gewöhnliche Sammler sammelt um des Sammelns willen alles, was sich nicht dagegen wehren kann. Porzellanenten und Schweinchen. Schneekugeln und Kuckucksuhren. Deutsche Schlösser und vergriffene Spiegel-Ausgaben. Doch auch unter den gewöhnlichen Sammlern gibt es Männer, die sich zu Höherem berufen fühlen. Je nach geistigem Horizont sammeln sie nach Themen. Wobei erstaunt, wie eng oft der Gesichtskreis eines Mannes ist – sammeln sie doch zumeist alles, was mit dem Thema Kneipe zu tun hat: Kronkorken, Bierdeckel, Bierflaschen mit antiken Plopp-Verschlüssen, Bierkrüge.

Sind diese Niederungen erst einmal glücklich überwunden, erwacht der wahre Ehrgeiz. Der Wertanhäufer-Sammler ist geboren. Er wittert in allem eine Investition in die Zukunft. Er fühlt sich erwählt. Denn nur er hat den gewissen Blick. Löffelbohrer und Designer-Walkman. Da mögen die anderen ruhig spotten, in nur 20 bis 30 Jahren wird dieser Löffelbohrer unbezahlbar sein! In jeder Swatch, die er mit Kennerblick in den Flughäfen-Shops der Welt aufspürt und selbstverständlich nie trägt, weil sie sonst einen Knick im Armband kriegt, der ihren zukünftigen Wert mindern könnte, sieht er seine Altersversorgung. Er sammelt Weine, die man nie trinken kann, jetzt nicht, weil sie Sammlerstücke sind, und in 80 Jahren nicht, weil sie dann sauer sind. Er sammelt Stühle aus dem französischen Barock, auf die man sich nicht setzen darf, weil das den Seidenbezug strapazieren könnte, und Bücher aus dem Mittelalter, die man nicht lesen darf, weil sie unter dem Anblick zerfallen könnten.

Das macht ratlos. Was soll man dazu sagen? *»Ohe, iam satis!«* (Oh, schon genug! – Horaz) oder eher *»O, quantum est in rebus inane!«* (Oh, wieviel Leeres gibt es in der Welt! – Persius)? Oder hilft ein lapidares *»Quos ego!«* (Euch werd' ich!) von Vergil weiter? Und wieder stehen wir vor einem weiteren Abgrund des Rätsels Mann. Die üblichen frühkindlichen Traumata? Etwas Anales? Nicht Loslassen-können, habenhabenhaben? Wir wissen es nicht.

Oder wollen sie auch nur, wie üblich, den Sinn des Lebens totschlagen, indem sie sich die Wohnung mit Gartenzwergen und reparaturbedürftigen Radios zustellen? Aus jeder Sammlung erwächst schließlich ein Beschäftigungsprogramm. Je nach Anspruch kann der Sammler seine Zeit damit verkrümeln, antike Espressomaschinen zu wienern, Briefmarken umzustecken oder Bierdeckel zu zählen. Uhrensammler sind ganz besonders gefordert. Weil sie die drei, vier, sieben Piagets und die vier, fünf, sechs Rolex nicht an einem Arm spazierentragen können, Uhren indes ohne Betreuung durch ständiges Getragenwerden verkümmern, bringen sie ihre Sammlerstücke bei der Bank unter, wo sie in einer Art Uhren-Humidor wie Champagnerflaschen ständig gedreht werden. Weil Uhren außerdem kapriziös sind, reicht ihnen die künstliche Unruh nicht, und die Uhrensammler müssen zu ihrem Uhrendepot in die Bank rennen, um jeden Tag, gerecht verteilt, jeweils eine andere Uhr auszuführen. Das kann manchem Manne den Horizont ausfüllen!

Aber. »Wer etwas Treffliches leisten will«, schrieb Schiller in seinen Gedichten, »Hätt' gern was Großes geboren / Der sammle still und unerschlafft / Im kleinsten Punkte die höchste Kraft.« Man soll die Männer doch nie unterschätzen! Von wegen stumpfe Kronkorkenstapler und debile Bierkruganhäufer! Von wegen geistloser Materialismus! Die Hoffnung, die hinter jeder Pfeifensammlung lauert, ist die Hoffnung auf die Ewigkeit. Das Große und Ganze. Sammler sind davon überzeugt, daß auch Einstein Jahre damit verbracht hat, still und unerschlafft Manschettenknöpfe zu sammeln, und eines Tages, er sortierte gerade die Manschettenknöpfe nach Größe, brach die Relativitätstheorie aus ihm hervor. Das läßt natürlich ganz andere Schlüsse zu. Heute noch Hotelseifen, morgen die

ganze Welt! Hinter unscheinbaren Kakteensamm-
lern verbergen sich zukünftige Nobelpreisträger.
Die Luft anhalten, klaglos Bierflaschen-Etiketten
sammeln und dann über Nacht die Gentechnik
revolutionieren! Wir sind gespannt.

Der Ball, der Kosmos und ich

Eigentlich kann man dankbar sein. Wenn es den Fußball im allgemeinen und die Weltmeisterschaften im besonderen nicht gäbe, dann hätte sich die Menschheit wahrscheinlich schon längst androgynisiert. Die Männer hätten Brüste und würden Cellulitecreme in die Innenseiten der Oberschenkel einklopfen, und die Frauen wären stolz auf ihre Damenbärte, und von Zeit zu Zeit zellteilten sich alle, lautlos und mit so wenig Anteilnahme, wie man es sonst nur vom Karpatenmolch kennt. Daß es nicht so weit kam, haben wir dem Fußball zu verdanken, der letzten Gewißheit in einer gespaltenen Welt.

Fangen wir mit den Männern an. Es gibt zwar immer wieder Männer, die mit einer gewissen Hybris vorgeben, den Libero nicht von der Libido unterscheiden zu können, aber derartige Attitüden werden im allgemeinen spätestens vor Weltmeisterschaften abgelegt, wenn sich auch die hoffnungslosesten Fälle zusammenrotten: zu Pizza aus Pappdeckeln und Bier aus Dosen, am liebsten in Feinripphemden bei einem alleinstehenden Freund. Nie ist den Feinripphemden so klar wie in diesem Augenblick: Ein Mann ist ein Mann und kein Rasenmäher. Ein Mann, der Kronkorken abbeißen kann, auch mit Jacketkronen, ein Mann, der schreien will und rülpsen und dabei alle Vorrundengegner Deutschlands seit 1954 rückwärts aufzählt, denn schließlich ist nach dem Spiel immer vor dem Spiel und das Team wichtiger als die Theorie.

Und die Frauen? Die finden, bis auf eine kleine aufsässige Minderheit, Fußball immer noch blöd. Wahrscheinlich ist es hormonell bedingt, daß Frauen nicht an der Diskussion teilhaben wollen, ob ein Tor ist, »wenn der Ball die Torlinie eine volle Umdrehung überschritten hat«, oder es reicht, »wenn der Ball die Torlinie vollständig passiert hat«. Statt dessen äußern sie sich abfällig über diese Millionäre in kurzen Hosen, säuseln was von schwüler Promiskuität in Umkleidekabinen und bleiben auch dann ohne Mitgefühl, wenn ihre Männer in Tränen ausbrechen, weil »der Otto gefeuert wurde«. Es gibt Frauen, die gehen in ihrer Mitleidslosigkeit so weit, daß sie ihre Männer zum Weltmeisterschaft-Gucken in die Besenkammer einsperren, aber wer jetzt denkt, daß das den Män-

nern zu schaffen macht, der irrt: Sie genießen es –
wie der Masochist das Anketten an die Rippenhei-
zung. Nichts lieben Männer mehr als Frauen, die
männliche Fußballbegeisterung für so unerfreulich
halten wie juckenden Hautausschlag. Nichts zieht
sie mehr an als Frauen, die laut anfangen zu sin-
gen, wenn man ihnen erklären will, daß Ajax einen
neuen Wirbelwind hat und warum es bei dieser
WM diesmal trotzdem keinen Favoriten gibt. Daß
Männer immer wieder und unverdrossen ihre
Frauen mit ballistischen Überlegungen belästigen
(Kann die WM überhaupt noch so knackig sein wie
ihre Qualifikationsspiele?), muß demnach nicht als
mangelnde Einsichtsfähigkeit gewertet werden:
Dahinter verbirgt sich Sicherheitsdenken. Nichts
anderes als die Vergewisserung darüber, daß die
Weltordnung nur so lange stabil ist, wie sich Frauen
weigern, von Fußball mehr wahrzunehmen als die
Brustmuskeln von Mehmet Scholl.

Und jetzt kommen wir zu der letzten Kategorie,
der kleinen aufsässigen Minderheit von Frauen,
die sich für Fußball interessieren. Männer halten
sie für einen Störfall der Natur, eine Havarie des
Hormonhaushalts. Das Vorrundenspiel Kroatien-
Dänemark mit einer Frau an der Seite zu verfolgen,
kommt einem Coitus interruptus gleich. Fußballe-
rische Entmündigung. Wenn sie dann noch beim

Abseits »gleiche Höhe oder nicht?« brüllt und behauptet, daß Fußball ansonsten so simpel ist wie Halma, dann steht die Menschheit kurz vor einer Verwandlung in teilnahmslose Karpatenmolche.

Daß es nicht dazu gekommen ist, haben wir dem Großen und Ganzen zu verdanken. Männer lassen sich schließlich nicht wie Frauen einfach davon beeindrucken, daß Bierhoff vier Tore schießt, drei holländische Verfolger abschüttelt und dribbelt und dribbelt und dribbelt und stürmt und immer noch den Ball behält. Männern geht es um die Idee hinter der Flanke. Der Ball, der Kosmos und ich. Der Elfmeter als Ursprung allen Leidens. Gibt es ein Leben nach dem Tor? Das ist etwas ganz anderes.

Stereotypen

Warum sich Männer ausgerechnet auf das Sammeln von Stereoanlagen versteifen, also einer Apparatur, die ohne jeden Zweifel ein gutes Gehör voraussetzt, wird uns ein ewiges Rätsel bleiben. Männer sind taub wie DJs, das ist schließlich bekannt. Bester Beweis dafür ist, daß Männer keine Fremdsprachen beherrschen: Sie sind nicht in der Lage, Laute zu hören, geschweige denn nachzubilden, wenn sie diese nicht bereits aus ihrer eigenen Sprache kennen. Einen Mann dazu zu bringen, Töne zu reproduzieren, wie sie zum Beispiel die französische Sprache mit ihren Nasallauten erforderlich macht, ist eine ebenso große Herausforderung, wie einem Foxterrier beizubringen, Grasmücken am Gesang zu erkennen. Generationen von Französischlehrerinnen sind schon daran gescheitert: Nachdem sie ihre Schüler tagelang erfolglos Wörter wie »sans«, »son« und »chanson« wiederholen ließen, erlitten sie einen Hörsturz. Auch können Männer Sätze auf einer bestimmten Frequenz nicht hören, die etwa auf der »Ich-ertrage-deine-langweiligen-Bürogeschichten-nicht-mehr«-Höhe liegen. Statt dessen murmeln sie mit Goldhamsterlächeln: »Ich muß dir unbedingt erzählen, wie die Sache mit Riedmüller ausgegangen ist!«

Wenn es dem Tonträgerfreund also nicht ums Hören gehen kann, worum denn dann? Es geht um den Unterleib. Damit versuchen die Männer zu hören. Weshalb die Bässe besonders wichtig sind. Es gibt zwar auch Männer, die wollen sich mit Sätzen wie »Hörst du die Hochtöner nicht?« wichtig machen, aber das ist reine Heuchelei. Die Boxen müssen groß sein wie Kindersärge, auch wenn man nur auf 28 Quadratmetern lebt. Und das Schöne daran ist nicht der Ton, sondern die Allmachtsphantasie: Daß man mit dem tiefer gelegten Sound auch das Olympiastadion beschallen könnte. Wenn man nur wollte. »Die beste Endstufe aller Zeiten.« Auf solche Plattheiten fallen Männer rein. »Two, one, zero...«, das Spaceshuttle im Wohnzimmer. Dann die Kabel. Die natürlich nicht mehr Kabel heißen, sondern »Terminator 5« oder »Monster MCX 2S«, das Ganze aus Alu-Strangguß. Apropos Strang: Unter den selbsternannten »Klang-Gourmets« wird eifrig die Frage »Hauptsache dick?« erörtert, die wir ja auch aus anderen Kontexten kennen. Wobei es doch erstaunlich ist, daß der Mann auch hier zu dem tröstlichen Ergebnis kommt, daß es nicht auf die Quantität ankäme, sondern auch dürre Kabel allerhöchstes Hörerlebnis verschafften.

Das ist der eine Aspekt der Stereotie. Der andere ist das Geld. Kostete der Surround-Receiver nur 500 Mark und wäre bei Tschibo im Sonderangebot zu kaufen: Musik würde sich in der Lebenswelt der Männer bis heute nur auf Blockflötespielen im Advent beschränken. Aber statt dessen: »Meine hat zwanzigtausend Mark gekostet.«

Je teurer, desto besser, das funktioniert bei Männern immer. Es muß an den Gehörknöchelchen liegen: Wo Frauen Hammer, Amboß und Steigbügel haben, sitzt bei Männern ein Taschenrechner.

Weil ihnen diese offenkundige Eindimensionalität peinlich ist, versucht man sie mit Pseudo-Plapper-Wissen zu verbrämen: Die Boxenknüller von Cabasse! Die Vinyl-Szene, analog! Der Legato-Link-Chip! Manche beeindrucken ihre Konkurrenten damit, daß sie die Testergebnisse des Marantz-Receivers von den letzten sechs Monaten auswendig lernen.

Wieder haben Männer etwas gefunden, womit sie die Leere ihrer Tage überwinden können!

Von früh bis spät schleichen sie in Mediamärkten herum, abonnieren Audio-Zeitschriften, und wenn sie Journalisten sind, dann schreiben sie seitenlange Artikel über den Baß und seine Tiefen, die kein Schwein lesen will. Sie sammeln und tauschen Subwoofer-Boxen wie früher die Aufkleber von Borussia Dortmund und hoffen immer, daß zu Hause endlich mal jemand vorbeikommt, der die Peng&Olafson-Anlage mit den titanbelegten Kabeln sofort erkennt. Musik, wenn sie denn überhaupt sein muß, kommt hier nur noch aus kleinen schwarzen Schlitzen. Am Wochenende fahren sie zu dieser kleinen edlen Firma nach Dänemark, wo die Ebereschenanlagen noch mit dem Mund montiert werden, weshalb jedes Jahr nur anderthalb Stück fertig werden und die Lieferzeit fünf Jahre beträgt, bis dahin müssen sie sich mit einer Mittelklasse-Sherwood begnügen, die eigentlich eine Beleidigung für ihr Spitzenklasse-Ohr ist.

Und dann gibt es da immer noch Frauen, die penetrant behaupten, daß sie keinen Unterschied hören!

Da bleibt nur ein Ausweg: das Autoradio. Hutablage durchsägen, denn schließlich brauchen die Boxen auch ihren Platz, und dann geht's los. 2400 Watt wie ein gewisser Gene Hester aus L.A., der, wenn er nicht gerade gebrauchte Waschmaschinen verkauft, seine 24 Lautsprecher spazierenfährt.

Das ist doch eine Perspektive fürs Leben! Damit kann man auch über ein Wildschwein fahren, und es rumpelt nur ein ganz kleines bißchen.

Der letzte Cowboy

Ein Cowboy reitet in das Dorf. Nach John Ford die klassische Anfangsszene eines Western. Ein Cowboy reitet aus dem Dorf. Nach John Ford die klassische Schlußszene eines Western. Dazwischen liegt das Universum und High Noon, und am Ende ist der Cowboy wieder so allein, wie es sich für ihn, den Gnostiker, den Fremden in unserer Welt, gehört.

Er steht im Weg, breit- und o-beinig, wie man es von ihm erwartet, und vielleicht kratzt er sich gerade den Dreck unter den Fingernägeln weg: der Cowboy im Mann.

Heute, so könnte man meinen, ist der Deodorant-Werbefilm der einzige Lebensraum eines Cowboys. Ansonsten tritt er nur noch in Bad Segeberg und der Marlboro-Werbung in Erscheinung. Knorrig wie eine Wurzelholzkommode hockt er auf seinem Gaul – als lebender Beweis, daß man mit genügend Willenskraft sowohl Lungenkrebs als auch Chili con Carne überleben kann. Und weil man auch sonst auf dem Weg zur U-Bahn immer weniger Cowboys trifft, könnte man zu der irrigen Annahme kommen, daß er nur noch ein Mythos sei. Falschfalschfalsch. Alle anderen Cowboys haben sich nur getarnt. Mit Trainingsanzügen und Armani-Jacketts. Denn im Grunde ihres Herzens sind alle Männer Cowboys. Cowboys und nie Indianer. Denn Indianer sind Looser, die Geschichte hat es gezeigt, außerdem müssen sie immerfort Eichhörnchensuppe essen, im Kreis um die Planwagen reiten und neigen zu Alkoholismus. Darum fällt die Wahl nicht schwer. Wer will schon jeden Tag Eichhörnchensuppe essen?

Warum Männer Cowboys sein wollen, verrät der typische Cowboy-Gang. Er sieht so aus, als versuchte ein Barhocker zu laufen. John Wayne und James Dean gingen so, und Millionen Männer versuchen es ihnen gleichzutun: Langsam und schleppend ziehen sie die Beine nach. Die Beine sind ihnen schwer, man sieht es ihnen an, daß diese Männer, diese Gesandten des Lichts, eigentlich gar keine Lust haben, weiterzugehen, weiter durch ein Leben, wo das Böse schneller nachwächst, als man ein Bein nachziehen kann. Aber der Cowboy hat keine andere Wahl, weil er kämpfen muß – gegen Indianer und Kollegenneid und Haarausfall.

Schweigend tut er seine Pflicht, und nur ihm ist es gegeben, zwischen Gut und Böse unterscheiden zu können, denn schließlich verfügt nur er über die göttliche Eingebung. Er weiß: Wenn er nicht im Büro wäre, dann ginge die Welt unter, und die Aktien fielen in den Keller. Ohne ihn ginge morgens die Sonne nicht auf, die Zeitungen blieben leer, und es gäbe keine frischen Brötchen. Gerade mal wieder die Firma vor dem Konkurs gerettet. Wenn man nicht immer alles selber macht. Nur Idioten um einen rum. Und dann reitet er wieder davon. Er reitet aus dem Büro, der untergehenden Sonne entgegen, vielleicht weint ihm eine Sekretärin nach, aber er blickt nicht zurück. Ich meine: Welcher Mann möchte nicht so sein?

Und damit das wenigstens halbwegs hinzukriegen ist, lassen sie ihre Cowboy-Stiefelspitzen unter Calvin-Klein-Anzügen hervorblitzen, was auf jene gewisse innere O-Beinhaftigkeit deuten soll, die die Erleuchteten auszeichnet. Andere Cowboys im Geiste erkennt man daran, daß sie erhaben vom Rücken ihres Jeeps auf den Rest der Herde heruntergucken, weil sie glauben, daß die Aussicht vom Pferderücken die einzige Perspektive ist, aus der sich das Leben ertragen läßt. (Allerdings – und das muß der historischen Genauigkeit wegen hier endlich mal gesagt werden: Echte Cowboy-Pferde sind eher klein. Geradezu winzig. Kaum größer als ein Königspudel. Wer genau hinsieht, wird bemerken, daß Cowboys immer mit den Füßen am Boden schleifen, wenn sie im Sattel sitzen. John Wayne sah auf seinem Pferd immer ein bißchen so aus, als hätte er ein Dreirad zwischen den Beinen.) Darüber hinaus versteht sich von selbst, daß ein Cowboy entweder galoppiert oder geht, aber nie stehenbleibt. Deshalb ist es für einen Cowboy natürlich frustrierend, ausgerechnet von einer Ampel zum Stehen gezwungen zu werden. Egal, ob er im Jeep oder auf der Harley sitzt. Okay, eine Klapperschlange oder ein Grizzlybär. Aber eine Ampel!

Ich kann mich rühmen, einen Cowboy persönlich zu kennen, er heißt Herr Niederhofer und arbeitete bis vor kurzem an der Fleischtheke meines Schwabinger Supermarkts. Abends dann, nach Feierabend, wenn es ihm gelungen war, die Schwarzwälder Schinken und die Teewürste endlich ins Kühlfach zu treiben, riß er sich den weißen Verkäuferkittel vom Leib, und man sah ihn, den letzten Cowboy, die Hohenzollernstraße entlangschlurfen, die Weite des Horizonts im Blick und die Enge der Fleischtheke im Nacken. Er trug Stetson und Cowboy-Stiefel mit hohen Absätzen, und die Fransen seiner Cowboy-Jacke umwehten seine kleine Gestalt auf so traurige Weise, daß man ihn fast in den Arm nehmen wollte.

Ein Cowboy reitet aus dem Dorf. War wieder keiner da, der ihn getröstet hat.

Liebe

Im Grunde ist das erste Treffen zwischen Mann und Frau die Sollbruchstelle des Universums. Fangen wir mit dem Mann an. Für den wird das erste Treffen schon dadurch erschwert, daß es meist auf einem für ihn gefährlichen Terrain wie dem Restaurant stattfindet. Viele Männer fallen dort bereits durch ihre Ungeduld unangenehm auf: »Sind deine Muscheln immer noch nicht da? Also, ich fang schon mal an, sonst vertrocknet ja mein Parmaschinken.« Andere versuchen ihre Begleiterinnen damit zu bezirzen, daß sie während des Menüs mit ihrem Handy (»Entschuldige, dauert nur eine Minute!«) die Telefonate der ganzen Woche abarbeiten, manche kratzen sich unentwegt – hinweg durch Vorspeise, Hauptspeise und Nachspeise. Nicht nur am Kopf.

Allen Männern ist eine Hoffnung gemeinsam: die Frau ihres Herzens durch offensives Reden bis zur völligen Widerstandslosigkeit zu betäuben. Sie reden über ihre Eigentumswohnungen: »Du hast noch keine? Wie stellst du dir denn dein Alter vor? Was, darüber hast du dir noch keine Gedanken gemacht? Ich hab übrigens jetzt gerade gegen meinen Mieter eine Klage wegen Eigenbedarfs laufen.« Sie plaudern zwanglos über ihre Anlagegeschäfte: »Also, ich sag nur eins: Mexiko-Anleihen« – und sie versuchen mit intimen Details aus ihrem aufregenden Berufsalltag zu beeindrucken: Physiker erklären Sinn und Wesen der Nachtmessung, Schriftsteller klagen über die vom Bienensummen verursachte Schreibhemmung, Friseure erläutern die richtige Anwendung der Ausdünnschere. Schließlich versuchen sie noch, die Stimmung mit dem Sätzchen »Na, was haben wir denn wohl unter dieser Bluse an?« aufzulockern und zwischen Tiramisù und Espresso mit dem Handrücken den Busen ihres Gegenübers zu streifen. Wenn das immer noch nicht zieht, spielen manche Männer ihren letzten Trumpf aus und stellen ihre bittere Scheidungsgeschichte mit verteilten Rollen nach. Wenn die Frau kurz vor dem Einnicken ist, wird sie mit den Worten »Ich find es toll, daß man sich mit dir so gut unterhalten kann« geweckt.

Und die Frauen? Die wollen Klarheit, und zwar am besten noch vor dem Aperitif. Heiraten, ja oder nein? Kinder, wie viele? Bereitschaft zum Vaterschaftsurlaub vorhanden? Steiner- oder Montessori-Schule? Sind die wesentlichen Fragen beantwortet, und die Speisekarte kommt, werden die Frauen von einem durch nichts zu bremsenden Beichtdrang gepackt. Kaum sitzen sie dem Mann ihrer Träume gegenüber, meinen sie, ihre ganze Vergangenheit offenbaren zu müssen: den seelisch grausamen Ex-Freund, der sie zu Weihnachten mit Diät-Büchern gequält hat, den sexuell enttäuschenden Ex-Freund, der den Cunnilingus für eine Halsentzündung hielt, den intellektuell unterlegenen Ex-Mann, der es nie lernte, Tiepolo von Tintoretto zu unterscheiden, darunter litt und sie aus Rache sogar mit der Tagesmutter betrog. Bei den Weinbergschnecken gestehen sie, immer noch unter ihrer übermächtigen Mutter zu leiden, bei der Seezunge in Limone legen sie die traumatischen Details ihrer Eierstock-Zysten-Operation auf den Tisch. Manche Frauen weinen dann noch ein bißchen zwischen Zabaione und Espresso. Schließlich putzen sie sich die Nase und laden ihn für nächsten Sonntag zu den Eltern ein: »Du mußt sie unbedingt kennenlernen!«

Untersuchungen kommen zu erschütternden Ergebnissen: Bei 99 Prozent aller ersten Verabredungen kommt es nie zu einer zweiten. Entweder kommt es beim erstenmal zu Handgreiflichkeiten (45 Prozent aller Treffen enden damit, daß die Frauen ihren Verehrern den Château Latour in die Hose gießen) oder zu gezielten Beleidigungen (44 Prozent der Männer bezeichnen ihre Begleiterin noch vor dem ersten Gang als »dumme Ziege«). Wie soll das weitergehen, wenn wir nicht zueinanderkommen?

Abhilfe verspricht Doktor Date, ein Psychotherapeut aus Los Angeles. Er kann in seiner Praxis auf eine solide Erfahrung mit schwererziehbaren Jugendlichen zurückgreifen, die ihn dafür prädestiniert hat, auch Frauen und Männer handzahm zu machen. Seine Therapie besteht aus einem Team bildhübscher, sanftmütiger Damen und gutaussehender, sensibler Herren, die sich mit bindungswilligen Damen und Herren zu einem Date treffen. Ein Date mit einem Dummy – das den Ladenhüter-Singles ein paar Ecken abschleifen soll. Und das geht so: Die Männer läßt man reden und die Frauen beichten. Erstmal. Dann wird das Fehlverhalten analysiert: »Es war nicht sehr sensibel von Ihnen, einer Nichtraucherin den Rauch von drei Zigarren ins Gesicht zu blasen« oder »Sie haben während des ganzen Abends kein einziges Kompliment gemacht. Sie sollten doch versuchen, die Vorzüge ihrer Begleiterin in das rechte Licht zu rücken! Außerdem haben sie ein Stückchen Steak auf den Teller gespuckt.« Oder »Es ist nicht sehr verführerisch, wenn Sie die Fotos ihrer Kinder zeigen und dabei weinen!«

Hundert Dollar kostet die Analyse, das Abendessen ist nicht inbegriffen. Frauen lernen, ihre Gefühle nicht gleich auf den Tisch zu legen, Männer werden ermahnt, nicht pausenlos zu reden. Beide lernen, daß das erste Treffen dazu dient, sich möglichst gut zu verkaufen und den anderen möglichst gut zu taxieren. Beim nächsten Date reden die Männer von ihrer mißlungenen Leistenbruch-Operation und die Frauen über ihre Enttäuschung mit den American-Online-Aktien. Beide rauchen nicht mehr.

Und dann gibt es noch Fälle wie Paul und Paula. Er will sich mit Paula verabreden und ruft sie an. Und was sagt sie? Als sie seine Stimme hört, säuselt sie nicht ins Telefon, sondern keift: »Kino. Also, wenn überhaupt, dann nur Kino. Nachmittagsvorstellung.« Er kann kaum Englisch. Sie wählt einen Woody-Allen-Film in Originalversion. Wenn er eine Pointe nicht mitkriegt, keckert sie ein »Hehehe! Schade, daß dir die Hälfte entgeht!« in sein Ohr. Beim Verlassen des Kinos fragt sie ihn nach dem Verhältnis zu seiner Mutter aus (»Stimmt es, was alle sagen? Daß du dich völlig von deiner Mutter tyrannisieren läßt? Hast du schon mal an eine Therapie gedacht?«). Kaum ist sie bei ihm zu Hause, beleidigt sie das Sofa, auf dem sie sitzt (»Jetzt mal im Ernst: Wo hast du denn DAS Sofa her? Rudis

Resterampe?«), erniedrigt den Blumenstrauß auf dem Tisch (»Was ist denn das für ein Friedhofsgebinde!«) und fragt ihn nach den Gründen seiner Scheidung aus (»Wahrscheinlich lag es an dir. Du hast sie betrogen, ganz bestimmt hast du sie betrogen, du willst es nur nicht zugeben«). Und was macht der Mann? Er wirft sie nicht aus dem Fenster, er erdrosselt sie nicht, er zerstückelt sie nicht. Er verliebt sich in sie.

Die Wege des Herrn sind unerfindlich, würde Doktor Date sagen. Oder: Das ist Liebe.

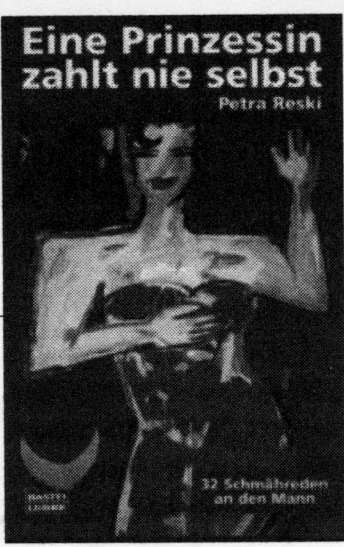

Eine Prinzessin zahlt nie selbst
Petra Reski

32 Schmähreden an den Mann

»Frauen wollen von Männern
keine Strapse und keine Bücher. Frauen lieben
Telegramme von der Länge einer Kurz-
geschichte, Graffiti auf der Haustür, Smaragdringe
und den einzigen pinkfarbigen Motorradhelm, den
man im norddeutschen Raum auftreiben kann …«
Der schenkende Mann, der computerisierte Mann,
der liegende Mann, der lügende Mann –
Petra Reski nimmt alle aufs Korn, enthüllt,
was Frauen an Männern nervt und warum eine
Prinzessin nie selbst zahlt.

ISBN 3-404-12905-9

BASTEI
LÜBBE